アマテラスの誕生

筑紫申真

講談社学術文庫

目次

アマテラスの誕生

1　アマテラスの性格

アマテラスは蛇です。七夕まつりの、あの織姫なのです。アマテラスの神格は三度変わりました。

アマテラスは蛇だった

事実は小説よりも奇であるといいますが、神話にしてみても、『古事記』や『日本書紀』に書かれている、いわゆる〝つくられた神話〟よりは、事実そのもののほうがよっぽど奇妙でふしぎなのです。

アマテラスオオカミ（天照大神。アマテラスオオミカミともいう。以下、この本では略称してアマテラスとよぶ）は、蛇であると考えられていた時代がありました。しかも、男性の蛇です。

鎌倉時代のむかし、通海《つうかい》という高僧が京都にいました。神風《かみかぜ》がふいて蒙古《もうこ》の軍船をみな海のもくずにしてしまったというあの元寇《げんこう》のころ、伊勢《いせ》神宮に参詣して神宮の関係者からへんな質問をうけました。それというのは、皇大神宮《こうたいじんぐう》の神さま、つまりアマテラスは蛇で、斎宮《いつきのみや》はその后《きさき》である。その証拠には、アマテラスは毎晩、斎宮のところにかよってくる。そこで「斎宮ノ御衾《フスマ》ノ下ニハ、アシタコトニクチナハノイロコヲチ侍《ハベル》」のだ。こんなふうにいう人があるのだが、それはいったいどう理解したらよいのだろうか、という問いです。

斎宮というのは、正しくは斎王《いつきのみこ》とよばれる女性です。皇女であり、処女であるひとのなかからえらばれて、伊勢神宮に仕えてカミまつりをしていたひとです。後醍醐《ごだいご》天皇の南北朝時代ごろまで、その制度はつづいていました。

通海は、都の高僧でしたから、伊勢神宮をおとずれても、たいへんていねいな接待をうけて、くわしいはなしをいろいろと聞き知っていますが、この質問にはどぎもをぬかれました。彼の手記は『通海参詣記』とよばれて残っていますが、そのなかでつぎのようにいっています。「『大神宮ハ陰神ニヲハシマス』。世間には蛇の姿となってあらわれるカミさまもたくさんあるけれども、アマテラスにかぎってはそんなみだらなことをするはずがない。だいいち、女が女のところにかよう道理はないじゃないか。『荒涼ニ申スヘキ事ニアラス。ヲノツカラシラセ給トモ、其氏《そのうじ》ヲハナレテ他人ニチラシ給マシキ事也』とわたしは戒めておいた。わたしのこの手記もじぶんだけのおぼえのために書いたのであって、いっさい他見はゆるさないのだ」と、このはなしを聞いたことをひどく気にしています。

　これはだれでも聞かされたらびっくりするはなしです。光華明彩《ひかりうるわしく》、六合《くに》の内《うち》に照《て》り徹《とお》らせり、とあがめられる皇室の祖先神が、男の蛇であって、子孫である女のもとへ、「ヨナ〳〵御カヨヒアル」とはまったくおだやかではありません。斎宮のふとんをあげてみると、毎朝、蛇のうろこが落ちているとは——。

　ところがわたくしはつい近ごろ、この通海とおなじように、とびあがるほどびっくりするはなしを聞かされました。

　皇大神宮の別宮《べつくう》に伊雑《いざわ》（いぞう）宮というのがあります。別宮というのは、本宮につぐ格式のたかい神社で、伊勢神宮に所属していますが、この伊雑宮は志摩半島の磯部《いそべ》という町にあり、アマテラスをまつっています。「この宮のカミさんは蛇だったといっている。村の人——宮大工《みやだいく》などはそういっていますよ」と、この宮のむかしからの神官の家すじにあたるM氏から、こともなげに聞かされたときは、ちょうど盃を手にした宴席のことでしたので、こんな重大なはなしを聞く身がまえもなく、それだけにほんとうに驚愕しました。なぜ、このはなしが重大な意味をもっているのか。ページを追うにしたがって、だんだんわかっていただけましょう。

さて、アマテラスが男性の蛇であるとは、いったいどういうことなのでしょうか。

アマテラスは織姫だった

天の川をへだてた牽牛星《けんぎゅうせい》と織女星《しょくじょせい》とが、七月七日の晩に、一年にたった一度だけ、ゆきあってまじわりをむすぶというロマンチックなはなしがあります。中国からつたえられたはなしです。そして、七夕《たなばた》まつりとして、わが国でもひろく星祭りが行なわれています。アマテラスは、その七夕まつりの織姫なのです。日本の古典に、たびたびでてくる棚機《たなばた》つ女《め》なのです。

中国から、この牽牛・織女のはなしがつたわってきたときに、「ああそれならば日本にもある」と、人びとがすぐ納得することができたのは、これに似た風俗が、わが国でも行なわれていたからでした。釈迢空《しゃくちょうくう》の名で歌人としてもなだかい国文学者の折口信夫《おりくちしのぶ》博士は、「たなばたと盆祭りと」という論文で、このことをあきらかにしておられます。

『万葉集』が編集された八世紀よりもっとむかしのこと、わが国ではカミさまは一年に一度、海から、または海に通じている川をとおって、遠いところから訪問してくるものと考えられていました。そこで人びとは、村ごとに、海岸や川ばたの人里はなれたさびしいところに湯河板挙《ゆかわだな》とよぶ小屋をつくって、カミの妻となるべき処女を住まわせ、カミのおとずれを待ちうけさせていたのです。そして、この棚機つ女はふだんはカミの着物を機《はた》にかけて織っていました。カミがおとずれてきたとき、これを着せて、じぶんはカミの一夜妻《ひとよづま》になるためです。

一年に一度だけ男女がゆきあうことや、織女＝棚機つ女という名前の似かよっていることなどが、中国からつたえられた星祭りの風俗をわが国固有のカミまつりの風俗にたいへんすなおにむすびつけて、同化させることになったのです。

このカミの着物を織るひとは、カミまつりをする巫女《みこ》でした。つまり、女司祭者だったのです。そして、このカミまつりの女が、アマテラスのほんとうの姿だったのです。なぜなら、アマテラスは女で、そしてカミのためにみずから機を織っていたからです。

『日本書紀』のしるすところによれば、アマテラスが神衣《かんみそ》を服殿《はたとの》で織っているとき、スサノオ（素戔嗚）が馬の皮をはいで服殿のなかになげこんだので、おどろいたアマテラスは杼《ひ》でけがをしてしまい、そこでおこって天《あま》の岩戸《いわと》にかくれたとされています。

神衣は、カミ妻たる織姫が男ガミのために織るべきもので、織姫は人間です。しかるに、最高のカミたるアマテラスは、いったいだれのために神衣を織らねばならないのでしょうか。じぶんの着る着物を神衣と唱えて、じぶんで機織るのはいくらアマテラスでもへんなことです。理屈にあいません。

このはなしは、アマテラスがもともとほんとうは、迎えられる貴いカミではなくて、過去には迎える側の女司祭者だったことを示しています。なぜそんな妙な身の上が、アマテラスにあるのでしょうか。

三転する神格

それというのも実は、『日本書紀』にみられるアマテラスオオカミは、三回ほどカミの観念のうえで変化しているからです。はじめ〝太陽そのもの〟であり、つぎに〝太陽神をまつる女〟となり、それから〝天皇家の祖先神〟にと転々して完成しているのです。ですから、『日本書紀』には、この三つの段階のカミの名が、ごっちゃにされて区別のつかない一つの神格のように表現されています。日神↓大日孁貴《おおひるめのむち》↓アマテラスとよばれている三つのカミの名がそれなのです。

日の神とは太陽の霊魂《スピリット》そのもので、一種の自然神です。オオヒルメとは太陽神をまつる女、つまり棚機つ女です。ヒルメとは日の妻《め》、というぐらいの意味です。そしてアマテラスオオカミになってはじめて、天皇家の祖先神としての人格が完成します。人格神としての固有名詞ができあがったわけです。

そのアマテラスが女であるのは、太陽をまつる女、すなわち棚機つ女をモデルにして創作したからです。太陽やヒルメは実在していますが、アマテラスオオカミは架空の人格です。だから、その生活を表現するためには、太陽の女をモデルにする以外には方法がなかったのです。

太陽のたましい＝日のカミは、太陽の妻＝ヒルメ＝棚機つ女を訪問するときには、蛇の姿となってやってくると思われたのでした。棚機つ女をおとずれるカミが蛇であった例を、つぎにあげておきましょう。『古事記』にある歌です。

天《あめ》なるや、おとたなばたのうながせる、玉のみすまる、みすまるに、あな玉はや。三谷二渡らす、あぢしきたかひこねの神そ。

折口博士は、この「三《み》谷二渡《たにふたわた》らす」とは、蛇の姿となっておとずれてくるカミのそのからだが、谷々をこえて長大であることを形容したものだと説かれました。河海をとおり、水をくぐりぬけてやってくるカミなので、蛇体と考えたのです。

さきに述べた斎宮《いつきのみや》は、カミ妻だったのであり、いわばヒルメだったのです。毎晩かよってきたのは、アマテラスが伊勢神宮に常住してしまって、かようのに便利がよくなったから、というまでのはなしで、ほんとうは一年に一度だけ海のむこうから、または天のかなたから、ちょうど彦星《ひこぼし》（牽牛星）が一年に一度の織女との逢瀬《おうせ》を待ちかねたように、やってきたものと思われます。

アマテラスが男の蛇でありもしたし、織姫でもあったのは、当然のことでした。要するに、アマテラスは、特定のひとりの人間をモデルにして創作したとか、太陽を女とみなしたとかいうような単純なものではありません。すこしばかり混乱した、信仰のうつりかわりの合成品なのです。

それでは、アマテラスという架空の人物がつくりあげられた時期はいつかという疑問がおこりましょう。それをあきらかにするのには、伊勢神宮がいつどのようないきさつでできたかを説明しておかないとむつかしいのです。〝アマテラスの誕生〟は、実のところ〝伊勢神宮の誕生〟のあとに述べるのが都合がよいのです。

そこで、さて、伊勢神宮の成立のはなしに移りましょう。伊勢神宮は、皇大神宮《こうたいじんぐう》を内宮《ないくう》とよんでアマテラスをまつっており、三重県伊勢市の宇治《うじ》にあります。皇大神宮が、伊勢神宮の中心です。また外宮《げくう》は、同市の山田にあり、豊受神《とようけのかみ》（とゆけ）をまつっています。このほか、別宮《べつぐう》・摂社《せっしゃ》・末社《まっしゃ》・所管社《しょかんしゃ》などあわせて、伊勢神宮は百二十五社におよぶたくさんの神社群によって構成されています。

まず、皇大神宮がいつできたかを説明しましょう。

2　皇大神宮の成立

皇大神宮は文武二年（六九八）十二月二十九日にできました。その神格は、〃川のカミ〃――宮川と五十鈴川の川のカミです。

文武二年十二月二十九日

皇大神宮《こうたいじんぐう》のできた年は、意外にあたらしいのです。そして、日付までわかっているのです。文武《もんむ》天皇の二年（六九八）十二月二十九日に成立しました。それは、七世紀もぎりぎり終わりのことです。せいぜい、いまから一二七〇年ばかり前にできあがったのです。

なぜ、そんなことが断言できるのでしょうか。それは、『続日本紀《しょくにほんぎ》』に、「文武天皇二年十二月乙卯《きのとう》、多気《たけの》大神宮を度会《わたらい》郡に遷《うつ》す」という記事があるからです。『続日本紀』は、『古事記』や『日本書紀』とはちがって、たいへん信用できる歴史書です。

それではなぜこんな重大な記事にいままで気がつかなかったのか。答は簡単です。実は、気づかれないような作為がなされていたのでした。それは、近代、活版印刷によって刊行され、もっとも普及して読まれた一、二の『続日本紀』が、この部分に手を加えて、多気大神宮という文字の下に「寺」という字を一字加えて出版していたからです。

寺という字は、ほんとうは、どんなむかしから伝えられた写本にもない文字だったのです。それなのにこの一字の贋入のために、読者は事実をみのがしていたのでした。そういう重大な事実に学者は最近になってようやく気づきました。(田中卓『神宮の創祀と発展』)

大神宮《だいじんぐう》という呼び名は、古くはいまの皇大神宮のほかには使ったためしのない呼び名なのです。ですから、いまの皇大神宮は文武二年のこのときに、よそから現在の場所に移されてきたものにまちがいありません。それでは、その多気大神宮は、いったいどこにあったのでしょうか。

それは、南伊勢地方の宮川《みやがわ》の上流にありました。外宮のある伊勢市の山田から宮川の流れ沿いにさかのぼっていったところ、直線距離にして八里ばかりも山奥のところです。いまの三重県度会《わたらい》郡大宮町の滝原、皇大神宮の別宮《べつぐう》の滝原宮《たきはら》がある場所です。この滝原の地は、いまでこそ度会郡になっていますが、文武二年のむかしには多気《たけ》郡に属していたと判断されるのです。

滝原が、もと多気郡に属していたという説明はすこしまわりくどいのですが、要点を述べておきましょう（次頁の地図参照）。滝原宮のある区域だけが、地勢的に不自然に多気郡のなかに突き出ています。ことに、その先端にあたる船木という村は、江戸時代にはまだ多気郡に所属していました（文政十三年『細見伊勢国絵図』）。そのくらいだから、滝原の地は、元来は多気郡であったとみられます。そのわけはつぎのとおりです。

もともと多気郡は、櫛田川下流域の農業地帯と宮川上流の渓谷とで編成されています。宮川上流は、交通的・政治的に、川の流域を異にしながらも、櫛田川下流域と直接つながっているのです。それにひきかえ、度会郡の主要部である山田地方とは、同

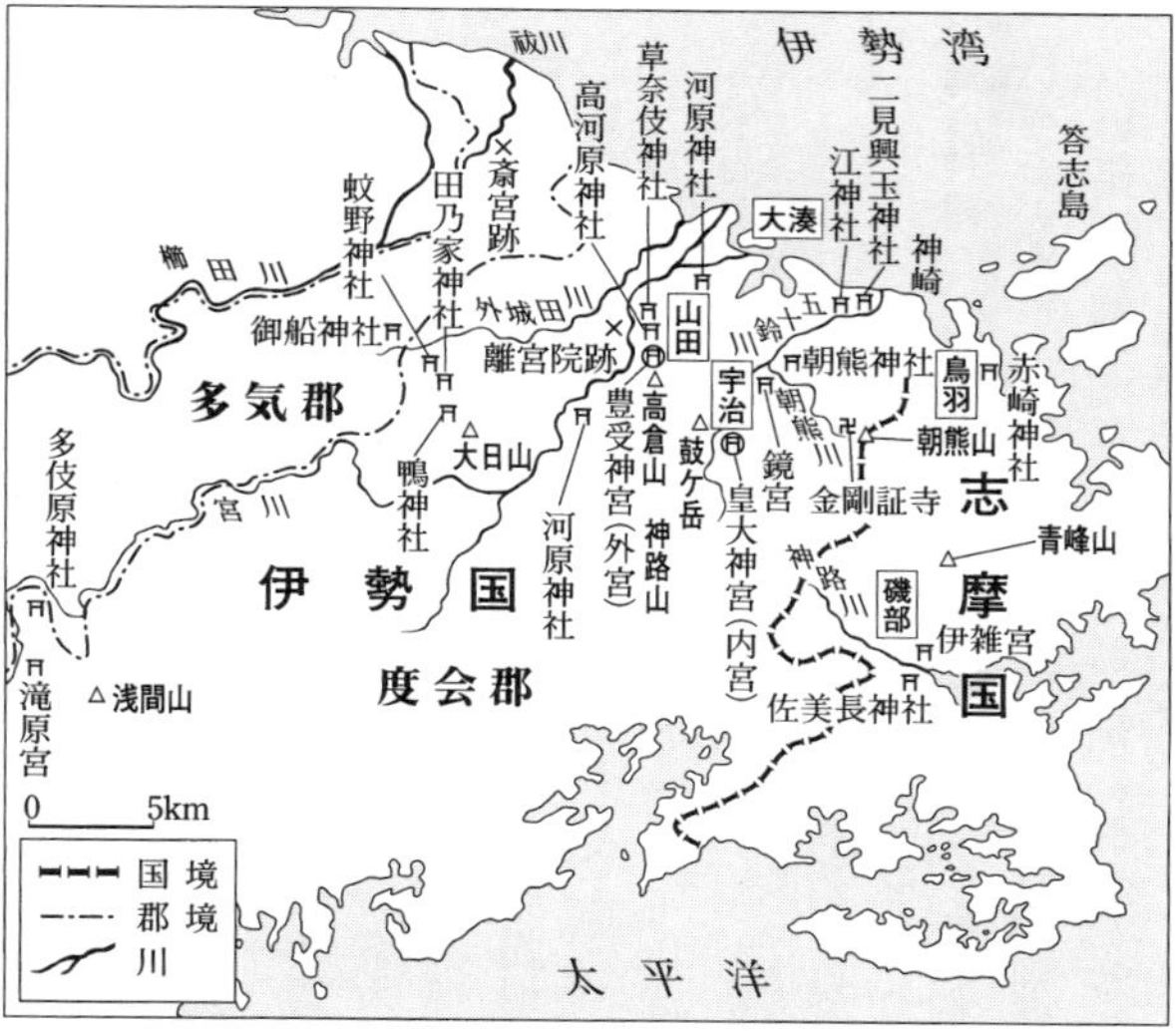

南伊勢・志摩要図

じ川の流域であってもかえって直結していません。山田から滝原へ通じている道路は古くからある熊野街道ですが、それは山田から宮川沿いに滝原へ直行しているわけではないのです。山田→櫛田川下流域→宮川上流域（滝原をふくむ）という迂回したコースをたどっているほどです。

宮川中流域では、川の流れを度会・多気の両郡境にしていますが、広大な上流域は滝原の地を除いてはすべてが多気郡にふくまれています。宮川上流にある滝原は、交通的に櫛田川下流域の多気郡主要部と緊密に結ばれているのですから、政治的にも当然多気郡にふくまれるべき地勢のところです。それなのに、宮川上流域において、滝原だけが不自然に度会郡にとりこまれているのには特別な歴史的事由がなくてはなりません。それは、こうであろうと思います。

度会郡の宇治へ多気郡滝原の多気大神宮が遷座されたため、その後まもなく、度会郡の宇治にある皇大神宮の旧社地であり、皇大神宮の別宮の所在地であるという縁由《ゆかり》を以て、滝原の地が多気郡から度会郡に管轄がえにされていったものと解されます。

これとは逆に、宮川下流地方では、平安初期にはたしかに度会郡であったのに、その後地勢をこえて多気郡に入れられたところもあります（御船神社の所在地の土羽《とば》）。

とにかく、著名な歴史地理学者の吉田東伍博士は、滝原の行政区画を評して「所属不明」といっているくらいです。分明しがたい境界線上で、動揺していたといわねばなりません。

滝原神宮

いまも大宮町にある滝原宮は、皇大神宮の別宮で遥宮《とおのみや》とよばれています。本宮につぐ高い格式の神社で、伊勢神宮の神社群のなかでも、内宮・外宮につづく第三位の実力をもって重要視された神社です。ことに、その社域の広大なことはおどろくべきで、四十三町八反（一町＝約一万平方メートル）の鬱蒼《うつそう》たる森は、優に内宮・外宮に匹敵する偉容をそなえています。社殿は、小さいけれども、いかにもむかしの多気大神宮の社地とみなすのにふさわしいすばらしい樹林です。

この滝原宮のカミは、正式にはアマテラスだとされていますけれども、実はこのカミは水戸神《みなと》であるという、古くからのつたえがあるのです。水戸神とは、雨水をつかさどる〝川のカミ〟のことです。

この現存している滝原宮が、宇治へ引越していった多気大神宮のなごりであるとみなしてよいと思います。なぜなら、多気大神宮はまた別の名を滝原神宮とよばれていた、といわなければならないからです。『伊勢国風土記』の逸文は、「倭姫命《やまとひめのみこと》、船に乗りて度会《わたらい》の上河《かみつかわ》に上《のぼ》りまして、滝原《たきはら》神宮を定めたまひき」と書きしるしています（いまも滝原宮のそばにある寺は、その名を滝原大神宮寺ととなえているくらいです）。しかも、『倭姫命世記《せいき》』のしるすところによれば、アマテラスは倭姫に奉戴されながら住みよいところをさがし求めて転々とすみかをかえ、北伊勢から南伊勢の海岸へやってきて宮川をさかのぼり、数年、滝原宮に住んでいましたが、どうも住みごこちがわるいというので、いまの皇大神宮（宇治）へ引越していったというのです。

このようなわけで、『続日本紀』・「風土記」逸文・『倭姫命世記』の三つの史料をかさねあわせてみますと、多気大神宮が滝原神宮であること、その大神宮がいまの滝原宮から宇治へ移っていったものであることは疑う余地がありません。

川のカミだった皇大神宮

それでは、その多気大神宮がなぜ五十鈴《いすず》川の川上《かわかみ》の宇治に引越して、皇大神宮にならねばならなかったのか、という疑問がおこってきます。それは、大和《やまと》朝廷の政策だったからなのです。その政策の問題はあとまわしにして、ここではまず、宇治という場所が多気大神宮の引越してくるのにまったくふさわしいところだったわけを述べましょう。

宇治は、もともと〝川のカミ〟をまつる祭場だったところなのです。そこでは、土地の豪族が、毎年定期的に〝川のカミ〟まつりをやっていました。滝祭《たきまつ》りをしていたのです。

滝原宮のカミも、水戸《みなと》のカミ、つまり〝川のカミ〟でした。滝というのは、高い崖から急激に水が落下する、いわゆる飛瀑だけをいうのではありません。それももちろんふくめてのことですが、川が急流となっているところはみな滝でした。だから、むかしは川の上流のあたりは、みな滝とよばれてさしつかえなかったのです。

滝原宮のあるところは、宮川という大河の上流でたくさんの瀑布と急流にめぐまれ、自然景観の変化の妙をえたところで、俗に四十八滝ありというほどです。五十鈴川上流の宇治にしましても、地理的条件はまったくおなじなのです。そして、宇治では、多気大神宮＝滝原神宮が滝原から移ってくる以前から、川のカミまつりをやっていたのでした。つまり、滝原も宇治も、どちらも元来は〝川のカミ〟をまつる聖地だったのです。同じ性格のカミであったからこそ、滝原のカミを宇治へ移して、両方のカミを合併させることができたのです。

皇大神宮をおとずれる人は、五十鈴川の手洗い場で、まず手を洗ってから参拝するのがむかしからの習慣になっています。宇治橋をわたってしばらく神域を歩いてゆきますと、右手に五十鈴川の川の流れを、そのまま手洗い場にとりいれた石畳《いしだたみ》がみえてきます。参詣の人びとは、ここで川の冷たい流れに手をひたして、口をすすぎ、手を洗うのです。ここが、むかしの〝川のカミ〟まつりの聖地だったのです。皇大神宮は、この五十鈴川の川のカミと、多気大神宮という宮川の川のカミとが一緒にされてできあがったものなのです。

五十鈴川　皇大神宮宮域を流れる川と宇治橋。もとは川の流れそのものがアマテラスの神体と考えられ、写真上方にある手洗い場の対岸の樹叢がカミまつりの目標物とされた。

滝祭りのカミ

五十鈴川の川のカミは、〝滝祭《たきまつ》りのカミ〟とよばれて、むかしはもちろんのこと、現在でも皇大神宮ではたいへん丁寧にまつりをしています。これが、皇大神宮のもともとのカミなのです。むかしからつづけられている皇大神宮のだいじなまつりの前には、いまでもかならず滝祭りのカミを、別宮に準じた待遇で丁重におまつりをしているのです。つまり、滝祭りを行なう気持は本宮アマテラスをまつる気持とちがわないわけで、このカミの重大さには目をみはらなければなりません。滝祭りのカミの重大性については、江戸時代の神宮学者もみな気づいていて、「深き所以《ゆえん》有る故なり」などといっています。

――度会正兌も、滝祭りに注目した学者のひとりですが、彼は「滝祭と申すは今に宮殿なく、天照大御神の御徳を五十鈴の河水に祭るなり。万の事別宮に準へたり」といっています。

このようにだいじな滝祭りのカミなのに、このカミには社殿もなければ、ほかに特別な施設もなかったのでした。もともとは、姿なき神社だったのです。あるのはただまつりの場所だけだったのです。

平安時代のはじめに、伊勢神宮から朝廷にさしだした報告書が、『皇太神宮儀式帳』とよばれていまも残っています。この『儀式帳』は、伊勢神宮のむかしを調べるのに、いちばん権威のある史料なのですが、これには滝祭神社とも滝祭社《たきまつりのやしろ》とも書かれています。そして、「大神宮の西の川辺にあり。御殿なし」と書かれております。

鎌倉時代の『坂十仏《さかじゆうぶつ》参詣記』は、このカミのことを、河の洲崎《すざき》にある松杉などの一叢で、神体は水底に御座あり、すなわち竜宮である、といっています。井上頼寿氏のいうところでは、滝祭りのカミはもと竜であって、たくさんの人をのんだが、後これを悔いあらためて、御手洗《みたらし》のところにいて人びとの唾を飲んで修養しているのだ、という伝えもあるそうです。つまり、滝祭りのカミは竜、すなわち蛇の姿であらわれるカミと思われていたのです。そして、五十鈴川の流れのなかにいて、人びとのまつりをうける水神＝川のカミなのでした。また、その祭場は、むかしは手洗い場から川をへだてた向こう岸、すなわち西の川辺にあった樹叢だったわけです。

坂十仏が、皇太神宮に参詣したのは、鎌倉時代の康永元年（一三四二）のことですから、そのころまでは滝祭神社と称えていても、特別な社殿も施設もなかったわけです。しかしその後、まつりをする場所は手洗い場のがわに移されて、いまは手洗い場のすぐ左脇の林の中に小さな石をおいています。石壇の上に小さな石をおいて、まわりを木の柵で囲ってあるのです。いまでは、この石を神体とみなして、滝祭神《たきまつりのかみ》とよんでいます。けれども、江戸時代の神宮の神官が書き残したものをみますと、まつりのときにはほんとうはこの石を目標としないで、五十鈴の川にむかって礼拝をしていることがわかります。

五十鈴川の流れのなかに、神霊の実在することを信じて行なうまつりとは、いったいどういう意味をもっているのでしょうか。しかも、そのような川のカミが、なぜ皇大神宮のもとの姿だということになるのでしょうか。

3　天つカミの降臨

川に姿をあらわすカミは、天から山をつたわっておりてきて、川の流れのなかにもぐって誕生しました。それが日本のふつうのカミの習性です。

天空に住む霊魂

皇大神宮のカミは、もともとはたんに〝天《あま》つカミ〟とよばれるべきカミでした。日本中のどこの村でも、むかしからそれぞれにまつっていた、もっともふつうのカミが天つカミなのです。日本中のどこでもまつっていたありふれた存在、天つカミを、五十鈴川の川上の宇治においてもまつっていた、というのが、皇大神宮の前身の、いわば滝祭りのカミなのです。

天つカミは天空に住んでいると信ぜられた霊魂で、大空の自然現象そのもののたましいでした。大空の自然現象といえば、日・月・風・雷・雲ですから、天つカミはしたがって、日のカミとも、月のカミとも、風のカミとも、雷のカミとも、雲のカミなども考えられていたのです。

七世紀も終わりごろの持統天皇の時代には、南伊勢地方（宮川・五十鈴川・外城田《ときだ》川の流域）では、そこでまつっている天つカミを、伊勢大神《いせのおおかみ》とよんであがめていました。

　『日本書紀』の持統天皇六年五月の条、および閏《うるう》五月の条に、〝伊勢大神〟と称えています。このころには、皇大神宮とか、天皇家の祖先神としてのアマテラスオオカミとかはまだできていなくて、地方神としての伊勢大神があるだけでした。皇大神宮の成立には、天つカミ、その地域的な表現としてのイセの大神→皇大神宮・アマテラスオオカミ、という発展のコースがあとづけられます。

そして、イセの大神は天つカミですから、それは当然のことながら、日のカミでもあり、風のカミでもあり、雷のカミでもありました。アマテラスオオカミということになりますと、天つカミのあらわれのうち、〝日〟だけをとりあげて人格化しているわけですが、もともと皇大神宮は天つカミだったのですから、そのなごりとして平安時代のはじめには、皇大神宮の宮域のなかで、姿なき神社として風や雷をまだまつっていたほどです。

天つカミから発展してできあがった皇大神宮には、アマテラスの属性として、もともと風のカミ、雷のカミという側面があったといわなければなりません。ところが、皇大神宮＝アマテラスがもっていたそのような属性は、アマテラスの完成にともなってかなぐりすてられ、忘れられていったのです。この事情は、あとでくわしく説明しましょう。

空から川へ

さて、そのような天つカミが天から地上におりてくると、滝祭りのカミになるのです。ところで、天つカミが地上に天降《あまくだ》ってくる順序と手続きというものは、なかなかに面倒なものでした。いま、皇大神宮の場合をふくめて、一般論として、天つカミの天降《あも》りのしかたを述べてみますと、つぎのとおりです。

まず、カミは大空を舟にのってかけおりて、めだった山の頂上に到着します。それから山頂を出発して、中腹をへて山麓におりてきます。そこで、人びとが前もって用意しておいた樹木（御蔭木《みあれぎ》とよばれる）に、天つカミの霊魂がよりつきます（憑依《ひょうい》）。

人びとは、天つカミのよりついたその常緑樹を、川のそばまで引っぱっていきます(御蔭《みあれ》引き)。

川のほとりに御蔭木が到着すると、カミは木からはなれて川の流れの中にもぐり、姿をあらわします（幽現）。これがカミの誕生です。このようにして、カミは地上に再生するのです。このような状態を、カミの御蔭《みあれ》（みかげ）（御生《みあれ》）とよんだのです。

そして、カミが河中に出現するそのとき、カミをまつる巫女《みこ》、すなわち棚機《たなばた》つ女《め》は、川の流れの中に身を潜《くぐ》らせ（古典はこのような女性をクリヒメとよんでいます）、御生《みあ》れするカミを流れの中からすくいあげます。そして、そのカミの一夜妻《ひとよづま》となるのでした。

これはむかし、日本の各地で、毎年一度ずつ定期的に、もっともふつうに行なわれていた、カミの出現の手続きでした。このやりかたが、五十鈴川の滝祭りの場合においてもとられていたのです。滝祭りのカミをまつる行事こそ、実は、皇大神宮の前身である天つカミが、五十鈴川の川上の宇治の地においても、一年に一度だけ空からかけおりてきて、五十鈴川の流れの中に出現していたという過去のあったなごりなのです。

わたくしはこれからいくつかの史料を提出して、宇治におけるカミの御蔭の状況を復元しましょう。しかしそれにさきだって、京都の賀茂《かも》神社の御蔭祭《みあれまつり》のはなしをしておきたいと思います。

アマテラスの復元

考古学者が、埴輪《はにわ》のかけらを手に入れると、それがたとえわずかに四つ五つの小さな断片であっても、それをもとにして堂々たる大きな人物や家屋の形をした埴輪をみごとに復元してみせます。なぜ考古学者に、そんな器用なことができるのかといえば、無疵で残された完全な形の人物や家屋をかたどった埴輪が、別にちゃんとして残されているからです。完全な埴輪をみならって、採集された少数の破片が、埴輪のどの部分にあたるかをみきわめると、わずかな断片をもとにしてでも、りっぱな埴輪に復元できるものなのです。急所急所をおさえたかけらでありさえすれば、四つか五つの小破片をもとにしてでも、失われた過去の偉容を復元できるのが、埴輪復元の技術というものです。小破片をもとにして、大きな埴輪を復元できるこの理屈が、失われた皇大神宮の過去をさぐって復元しようと試みる場合の、わたくしたちの方法にも適用できるのです。

皇大神宮ができあがる以前の、失われた過去を復元するのに必要にして十分なだけの急所急所にあたる史料が、さいわいなことにりっぱに残されていました。わたくしは、その史料を紹介しなければなりません。しかし、史料の紹介にさきだって、もう一つ、しておかなければならないことがあります。

それはまず、復元の手本になるべき完全な例を提示することです。京都の賀茂神社の御蔭祭こそ、その完全な手本です。失われた皇大神宮の過去、すなわち宇治におけるカミの御蔭の秘密は、賀茂の御蔭祭がどのように行なわれるかの実際を知っていたら、容易にときほぐすことができるのです。

皇大神宮の前身のイセの大神も、京都の賀茂のカミも、もとをただせば同じ天つカミでした。天から地上に定期的におりてくるカミでした。イセの大神は、もともとは日とも風とも雷とも考えられていましたが、朝廷の政策として、ことに太陽であることが後に強調されて、皇大神宮に昇華させられたのです。ところが、賀茂の場合は、雷神である点が強調されていました。ちがいといえば、そのくらいのことです。それも本質的なちがいでないことはおわかりいただけると思います。

賀茂の御蔭祭

さて、カミの〝みあれ〟の典型的な例として、わたくしたちは京都の賀茂の御蔭《みあれ》

(御生《みあれ》)祭《まつり》をあげることができます。

京都の賀茂神社は、賀茂県主《かものあがたぬし》の一族がまつっていたカミです。八世紀の終わりに、みやこが奈良から京都に移されましたが、賀茂氏はそれよりもっと以前から、京都地方に住んでいた土地の豪族でした。京都の市街地の北東のはしに、鴨川に沿うて広い森があります。その森のなかに、賀茂神社があります。川沿いの上手にあるものを賀茂別雷《わけいかずち》神社(上賀茂《かみがも》社)、下手にあるのを賀茂御祖《みおや》神社(下鴨《しもがも》社)とよんでいます。この二つの神社とも、もっとも神秘的で重要なまつりとして御蔭《みあれ》祭を、むかしからいまにいたるまで行なっていますが、ここでは上社の場合を例にして述べておきましょう。

賀茂の上社の本殿には、そのなかにカミさまの座席は設けられていますけれども、カミさまの姿はない、ということです。カミは空位である。つまり、本殿のなかはからっぽだというのです。それにはわけがあります。

本殿の裏手にあたって、神山《こうやま》(賀茂山)とよばれている神聖な山があります。人びとは、拝殿から本殿をみとおして拝礼すると、この神山をおがんでいることになるのです。神社の裏手のこの山を、ほんとうはおがんでいるというわけです。それならば、本殿が空位であってもすこしもさしつかえありません。

賀茂神社といえば、だれでもすぐ葵祭《あおいまつり》を思い出します。京都における年中行事で、もっとも伝統が古く、いかにも王朝文化そのもの、というまつりをさがせば、だれでも賀茂の葵祭を第一番にあげるでしょう。この葵祭の前夜祭が、〝御蔭祭〟なのです。

御蔭祭は、カミが天から地上におりてくるのを迎える儀式です。神山の頂上には岩があり、これを降臨石とよんでいます。カミはまず、舟にのって天からこの山上の岩まで空中をこぎくだってきます。賀茂氏久が、つぎのような歌をつくっているのは、古い信仰の姿をよくとどめているといわなければなりません。

　ひさかたの天の岩舟こぎよせて、神代《かみよ》の浦や今のみあれ所

カミは、山のいただきから神山をつたわって、麓の〝御阿礼所《みあれ》〟とよばれる聖域におりてきます。そこには、あらかじめ〝御蔭木《みあれ》（御阿礼木）〟とよぶ樹木が、根こじにして用意してあります（みあれ木は掘りおこしたばかりの二本のかなり大きな常緑樹で、上のほうだけ枝を残して下枝を刈りはらい、二本の木をくっつけてならべたて、木の裾は柴垣で囲ってある。木には長い紐をたくさんつけておく）。

カミがこの御蔭木によりつくと、人びとは紐を手に手に、この御蔭木を賀茂川の川ばたに引いてゆきます。これが〝みあれ引き〟です。

御蔭木が川ばたに到着すると、カミは木をはなれて川のなかにはいります。そのとき、斎王《いつきのみこ》（皇女であり、賀茂のカミの巫女《みこ》として差し出されたひと）が川の流れのなかに身をひたして、カミを河中からすくいあげるのです。そのとき、川上から御幣《ごへい》を川に流します。このようにしてカミは地上に姿をあらわして再生し、斎王はカミの一夜妻となるのでした。

賀茂神社とは、古くから土地の豪族である賀茂氏が、このようにして御阿礼神事《みあれのしんじ》を行なって、天つカミ（雷）をまつっていたものです。社殿が固定化され常設されたのは、新しい工夫であったにすぎません。

ところが、延暦十三年（七九四）に、みやこが奈良から京都へ移されると、朝廷はこのカミを王城鎮護のカミとさだめました。先住の地方神に敬意を表したわけです。そして、皇女を巫女にさしだしたのでした。巫女である斎王は、鎌倉時代までに三十五人もさしだされたのです。

つぎに、皇大神宮の場合をみてみましょう。

4　プレ＝皇大神宮の全貌

皇大神宮の前身である天つカミは、〝イセの大神〟とよばれる地方神で、空から鼓ケ岳におりてきていました。そこから、常緑樹によりついて五十鈴川のふちに運ばれ、川の中にもぐって誕生しました。そのカミは、太陽のスピリットであり、また雷でも風でもあったのです。

謎の史料

皇大神宮ができあがる文武二年よりも以前の、地方神としての信仰が、宇治においてどのように行なわれていたかを、わたくしどもはリアルに描きださなければなりません。そのために、わたくしは、いままでに学者が注意しなかった重要な史料をいくつか提出しようと思います。

第一史料

時に天照大神、倭姫命に誨《をし》へて曰く、「是れ神風の伊勢国は、常世《とこよ》の浪の重浪《しきなみ》帰《よ》する国なり。傍国《かたくに》の可怜国《うましくに》なり。是の国に居らむと欲《おも》ふ」。故《か》れ大神の教《みをしへ》のままに、其の祠《いはひ》を伊勢国に立てたまふ。因りて斎宮《いはひのみや》を五十鈴《いすず》の川上に興《た》つ。是を磯《いその》宮《みや》と謂《い》ふ。則ち天照大神の始めて天より降ります処なり。(『日本書紀』垂仁天皇二十五年条)

第二史料

足仲彦(仲哀)天皇、筑紫の橿日宮《かしひのみや》に崩《かむあが》りましぬ。時に皇后、天皇の、神教に従はずして早く崩りまししことを傷《いた》みたまひて、以為《おもほ》さく、祟りたまふ所の神を知りて、財宝国《たからのくに》を求めむと欲ふ。是を以て群臣《まへつきみたち》及び百寮《もものつかさ》に命《みことおほ》せて、以て罪を解《はら》へ過を改めて、更《ま》た斎宮《いはひのみや》を小山田邑《をやまだのむら》に造らしめ給ふ。三月壬申朔、皇后吉日《よきひ》を選びて斎宮に入り、親ら神主と為り給ふ。則ち武内宿禰に命せて琴撫《みことひ》かしめ、中臣烏《い》賊津使主《かつおみ》を喚して審神者《さには》と為す。因りて千《ち》繒高繒《はたたかはた》を以て琴頭尾《ことのかみとしり》に置きて請《ね》ぎまをして曰く、「先の日に天皇に教へたまひしは誰《いづ》れの神ぞ。願はくは其の名《みな》を知りたてまつらむと欲ふ」。七日七夜に逮《いた》りて乃ち答へて曰く、「神風《かむかぜ》の伊勢国の百伝《ももつた》ふ度《わた》逢県《らひあがた》の、拆鈴《さくすず》の五十鈴宮《いすずのみや》に居る神、名《みな》は撞賢木《つきさかき》厳之御魂《いつのみたま》天疎《あまさかる》向津媛命《むかつひめのみこと》」。亦問ひたまはく、「是の神を除《お》きて復《また》神有《いま》すや」。答へて曰く、「幡荻穂《はだすすきほ》に出し吾《あ》れや、尾田《おだの》吾田節《あがたふし》の淡郡《あはのこほり》に居る神有り」と。（『日本書紀』神功皇后条）

第三史料

『皇太神宮儀式帳』によれば、外城田《ときだ》川流域にある皇大神宮の摂社のうち、蚊野《かの》神社・御船《みふね》神社（『延喜式』は大神之御船神社としている）・田乃家《たのえ》神社の三社が、大《おお》神之《かみの》御蔭川神《みかげかわのかみ》をまつっている。

ただし、田乃家神社の祭神の名は大神之御滄川としるされているが、これは江戸時代の神宮学者も、滄の字は写本の写しあやまりであろうといっている。蔭の字を行書で書くと、滄の字に読みあやまられてしまうのである。

なおまた、同じカミが五十鈴川においてもまつられていたことが、『神宮典略』のつぎのような記事によっても知られる。

御蔭神社
内宮末社記ニ、大神御蔭川社、在㆓宇治郷長峯山㆒。マタ元禄勘文ニ、御蔭社末社在㆓楠部村西長峯之東㆒、祭祀未考。社ハ当時中絶、在㆓鳥居㆒、社地ノ廻廿四間、トアリ。今世、布施戸町ノ北ノ塩屋道ノ北側ニ、鳥居ノミノ地アリ。コレナラン。

第四史料

『皇大神宮儀式帳』にのせられた皇大神宮禰宜《ねぎ》の荒木田《あらきだ》氏の系図によれば、その祖先に川姫命《かわひめのみこと》という人がいる。

以上の史料は、八世紀と九世紀のはじめに編集されたものですから、伊勢神宮研究の史料としてはもっともたしかな文献史料です。これらに解釈を加えてつないでゆけば、〝プレ＝皇大神宮〟のカミまつりの状態がはっきりわかります。そこでまず、個々の史料の解説をしておきましょう。

鼓ケ岳のアマテラス

泉鏡花の名作『歌行燈《うたあんどん》』に、「鼓《つづみ》ケ嶽が近い所為《せい》か、これほどの松風は、東京でも聞けぬ」という一節があります。その鼓ケ岳は、五十鈴川をへだてて、皇大神宮の西側にある山です。宇治と山田をむすぶ有名な門前町、古市《ふるいち》の町の南続きの位置にあり、この山は、五十鈴川沿いの平野部からながめると、みごとな円錐形をしています。五十鈴川の西側の山地一帯を神路山《かみじやま》とよんでいますが、鼓ケ岳はそのなかでも、いちばんきわだって人目をひく、うつくしい形の山です。神路山とは、カミの通い路の山という意味です。つまり、鼓ケ岳は、アマテラスが天からおりてきた通路の山であり、また天へかえってゆく通路の山であったわけです。

第一史料の「則ち天照大神の始めて天より降ります処なり」という文章が教えてくれることは、つぎのとおりです。アマテラスオオカミは、『日本書紀』が述べているように、大和国から伊勢に移してまつられたものではない。アマテラスは、もともと宇治において、天から、人びとのまつりをうけるためにおりてきていた、――そういう、地方のカミであったということ。さらに、そのような天から地上におりてくるカミは、はなはだ自然神的であって、宇治におけるアマテラスオオカミは、必ずしも最初からアマテラスオオカミとよばれる天皇家の先祖のカミではなく、天空現象の自然神であった過去をもっている、ということです。

ところで、この史料によく似た事実を、皇大神宮のお膝元の三重県ではいくつかひろうことができるのです。すなわち、アマテラスオオカミが、天から山の頂上におりてきた、という伝説をもった霊山があるのです。皇大神宮の摂社の朝熊《あさくま》神社のすぐ近くにそびえている朝熊《あさま》山がそれです。それから、鈴鹿山脈のなかの霊峯、野登《ののぼり》山がそうです。

朝熊山は、三重県第一の霊山信仰の聖地です。第二次世界大戦のころまでは、山麓からケーブルカーで登ることができましたが、いまはありません。現在、スカイラインの観光道路が完成されています。定期バスが通じていて、伊勢湾の眺望がよいので、キャンプをする人びとやハイカーでにぎわいます。「お伊勢参らば朝熊《あさま》をかけよ。朝熊かけねば片参宮《かたさんぐう》」と俚謡にうたわれ、むかしから参宮客は、この山の上の金剛証《こんごうしょう》寺《じ》に参詣しました。

金剛証寺には、アマテラスオオカミ幼少のときの御像といいつたえられる木彫の神像があります。重要文化財に指定されている雨宝童子《うほうどうじ》がそれです。それが神像であることは、金剛証寺の本堂の前の鎮守の社にまつられていたことでもわかるのですが、しかし寺では、これを雨宝さんとよんで、仏とみなしています。つまり、アマテラスの本地仏《ほんじぶつ》である大日如来が、天からこの山上に垂迹《すいじゃく》して雨宝童子になった。というのです。したがって、この雨宝童子はアマテラスの本地仏である、とみなしております。山上に竜池《りゅうち》とよばれる池があり、五十鈴川沿いの村々では、ひでりのときには、岳《たけ》御池替《おいけがえ》といって、この池をさらい雨乞いすることになっています。

伊勢・志摩一帯の村では、死亡者があると必ずその遺髪をこの寺の奥の院に納め、塔婆をたてます。ちょうど高野山に似た信仰をもっています。南伊勢地方・志摩地方の村びとにとっては、その祖先の霊魂の集まる霊山と信ぜられていたようです。『毎事問《まいじもん》』は、朝熊山に、大神宮の乗り給うたとて、磐舟《いわふね》といい、注連《しめ》を張った伝説の石がある、としるしていますが、けだしこの山には皇大神宮の摂社の朝熊神社の神体山であった過去がある、と信ぜられます。雨宝童子の製作年代は平安時代の前期ですし、寺の開かれたのもずいぶん古いので、おそらく奈良時代までは朝熊山は朝熊神社の神体山であったのでしょう。そして、平安時代のはじめに、山岳仏教の霊山として金剛証寺の信仰にきりかえられていったものとみられます。要するに、宇治に天かからおりてきていた天つカミは、朝熊の村でもやはり同じように、山をつたわって、天からおりてきていたのです。

つぎに野登山について述べておきましょう。亀山市安坂山《あさかやま》町に属する野登山のいただきに、野登寺《やとうじ》があります。本堂は五間四面で、なかに本尊千手観音を安置しています。この仏像は、ほんとうはだれの作かわかりませんが、世俗一般は、これをアマテラスオオカミが製作したと伝えています。寛永のころにつくられた縁起に、そのことがみえています。また、「堂の前に杉の老木二本あり。天照大神この霊像を彫刻し玉へる時、御手づから植ゑさせ給ふ杉なり」といっているのです。この伝説は、アマテラスが天からおりてきたとは明言していませんが、心意はすこぶる朝熊山の場合に酷似しています。この寺は、むかしから鈴鹿山脈のうちの主要な雨乞いの聖地となっています。

また、皇大神宮の別宮の伊雑宮に近い山のなかにも、アマテラスが腰掛けてやすんだという霊石があり、付近の村びとがこの石にむかって雨乞いをしています。伊雑宮の神体山とみなされる青峰山《あおみねやま》のいただきは天跡山とよばれ、ヤマトヒメがアマテラスをまつったところといい、巨石があります。

さて、はなしをもとへ戻しましょう。『日本書紀』にみえる第一の史料は、別にアマテラスが天から降りたところは鼓ケ岳だとは書いてありません。それなのに、神路山のうちの鼓ケ岳をことさらえらんで、アマテラスが天から降りてきたのだとすれば、その証拠を提示しなければなりません。もちろん、証拠はあります。それは、皇大神宮のもっとも神秘な行事である〝心《しん》の御柱《みはしら》〟のはなしと、それから第二の史料なのです。

ツキサカキの秘密

『日本書紀』にみえる〝ツキサカキ＝イツノミタマ＝アマサカル＝ムカツ＝ヒメ〟というカミの名は、あまりややっこしいので、いままで説明することができずにいました。しかし、よくみればわかるのです。

ツキサカキとは、〝みあれ木〟のことです。ツクとは、イツノミタマが憑《よ》りつくことです。サカキは、常緑樹です。したがって、ツキサカキ＝イツノミタマとは、みあれ木によりつく尊い霊魂という意味になります。つぎにアマサカル＝ムカツとは、天からはるかに遠く離れてやってきて、津に向かってくる、という意味です。津とは、この場合、河津《かわつ》、つまり川のわたし場で、五十鈴川のほとり、ということを意味しています。

五十鈴川の川上の宇治でまつられていた、この長ったらしい名のカミは、要するに天から鼓ケ岳に降りてきて、そこからみあれ木によりついて五十鈴川のほとりに運ばれ、川の流れのなかで御生《みあ》れしたカミなのでした。そのカミを、ヒメとよんで女性とみなしたのは、そのカミの司祭者が棚機《たなばた》つ女《め》であったからです。

皇大神宮の建物は、二十年に一度必ず建てかえることになっていますが、その遷宮の行事は、まず神秘な〝心《しん》の御柱《みはしら》〟の神事によってはじめられます。それはどういう行事かといいますと、むかしからいまにいたるまで、まず一本のかなり大きな木を鼓ケ岳の山のなかから切り出すのです。この木は、五十鈴川をこえて運ばれて、皇大神宮のあたらしい敷地に打ちたてられます。なかばは地上に姿をあらわし、なかばは地下に埋められます。いまでも、この〝心の御柱〟をたてる神事は、女の司祭者である少女と、伊勢神宮の高級神官らによって、秘密のうちに行なわれています。

いまの〝心の御柱〟は、皇大神宮の本殿の真下にたてられているのですが、皇大神宮のできあがる以前には、滝祭りの川ぶちにたてられたものでしょう。なぜかといえば、〝心の御柱〟こそ、とりもなおさず〝みあれ木〟だからです。五十鈴川の手洗い場の、川をへだてた西側、ちょっとした木むらがあったというそのあたりに、鼓ケ岳から〝みあれ引き〟をして運んできたツキサカキ＝心の御柱を、地面に打ちたててまつったのでしょう。そして、その川の流れのなかに、棚機つ女が潜《くぐ》って、カミが木からはなれて川のなかに姿をあらわすのをすくいあげたのでした。

宇治の土豪の娘が棚機つ女となって、このあたりで生活していたのでしょう。後に、この場所にできた皇大神宮の禰宜《ねぎ》となった荒木田《あらきだ》氏には、その祖先のなかに川《かわ》姫命《ひめのみこと》というものがいます（第四史料）が、川姫がカミの御生《みあ》れをたすける棚機つ女であることは、もう説明を要しないでしょう。皇大神宮の手洗い場が重要視されたり、神聖視されて、滝祭りを行なうのは、こういうわけがあったのでした。

川中の洗礼

このような手続きで、川のなかに生まれるのが、皇大神宮の前身の天つカミでした。すなわち、宮川・五十鈴川・外城田川の地方で、イセの大神とよんでいたカミでした。宮川流域にある伊勢神宮の摂社のおもだったものは、川のカミをまつっています。ことに、外城田川と五十鈴川の流域では、大神之御蔭川神《おおかみのみかげかわのかみ》をまつっている神社が多いのですが、このカミの名があることによって、それらの川は、カミの御蔭《みあれ》する川であったことがはっきりするのです。このようにして、第三の史料のもつ意味は、まったく重大です。

大神とは、イセの大神のことです。このイセの大神が、アマテラスオオカミに成長させられるのです。だから大神というのは、皇大神宮の前身となるカミ以外にはありえないのです。そのような大神は、川に御生《みあ》れするカミであったことを、はしなくも露呈してしまったのがこの史料です。わたくしの、アマテラスおよび伊勢神宮の成立の追究は、このカミの名の残っている事実に気づいてびっくりしたことからはじまりました。

大神之御蔭川神というカミの名こそ、プレ＝アマテラス、プレ＝皇大神宮の謎を解くもっともだいじな鍵でした。ここを突破口として、地方神としてのアマテラスや伊勢神宮の実態は、ひろびろとみはらすことができるようになるのです。

雷よけ＝イセの大神

くりかえしていいますように、天つカミは日神とも風神とも雷神とも考えられていましたから、皇大神宮の前身のイセの大神は風のカミ、雷のカミでもありました。そのように信じられていた証拠があるのです。

大阪の南部にある和泉《いずみ》国に、道行という出家がいました。みやこがまだ奈良にあったころのはなしです。彼は、天平勝宝九年（七五七）六月、修行のために人里をはなれて、遠く山岳のなかにわけいったのですが、突如として山のいただきに雲がわきおこり、谷いっぱいに雷鳴して、身命があやうくなりました。そこで、難をまぬがれるように、イセの大神にいのりました。一心にいのった効があってか、さいわいに身命になにごともなかったので、その報謝としてイセの大神に寄進するために、『大般若《だいはんにゃ》経《きょう》』を書き写したのでした。その実物が、いま三重県名賀郡青山町の常楽寺に残されて、重要美術品になっています。雷にうちころされるのを助けてくれといのって、そのお礼にイセの大神、すなわち奈良時代のそのころにはもうできあがっていた皇大神宮のカミのために『大般若経』を書き写したというのですから、そのころの人には、アマテラスは雷神だと思われていたようにみうけられます。

奈良時代には、朝廷では伊勢大神宮とか、伊勢神宮とかよんでいた宗廟（祖先のみたまや）なのに、民間ではなおイセの大神と古風なよびかたをして、天つカミ、雷のカミとして信じていたのでしょう。その写経の末尾には、イセの大神のためにとも、また神風仙大神のためにとも書きしるされてありますが、和歌の枕詞《まくらことば》にまで〝神風の伊勢〟というくらいですから、イセの大神を神風仙大神といいかえてもふしぎはありません。そして、大神という表現のしかたは、このころには皇大神宮のカミ、つまりアマテラス以外には伊勢の国では使っていないのです。

この『大般若経』の記事によって、アマテラスが雷神であり風神であったことを知ることができるのですが、別な史料によって、もっと正確に、アマテラスの前身が雷神であり、風神であったことの証明をしておこうと思います。つまり、皇大神宮ができあがる以前に、五十鈴川のほとりでまつられていた天つカミに、雷の側面と風の側面とがあったことを、実証しておこうと思います。

雷神と神風

『皇太神宮儀式帳』に、つぎのような記事がみえています。この記事をよくよく吟味してみますと、アマテラスの属性として雷のカミ、風のカミ、川のカミという側面があったことがはっきりわかります。すなわち、アマテラスがイセの大神として五十鈴川のほとりでまつられていた地方神の時代の姿が、そのなごりをとどめているのです。『儀式帳』の書かれた平安時代のはじめには、もとの天つカミ時代の記憶を、皇大神宮はまだまだ捨てきることができないでいたのでした。

(四月十四日大神御衣《おおかんみそ》)同日、御笠縫内人《みかさぬいのうちびと》、御蓑《みみの》廿二領《りよう》、御笠《みかさ》廿二蓋《がい》を造《つく》り奉《まつ》り、即散《あかちまつ》奉る。

大神宮三具《ぐ》
荒祭宮《あらまつりのみや》一具
大奈保見神社一具

伊加津知《いかづち》神社一具
風神社一具
滝祭《たきまつり》社一具
月読《つきよみ》宮五具
小朝熊《こあさくま》社二具
伊雑《いざわ》宮一具
滝原《たきはら》宮二具
園相《そない》社一具
鴨社一具
田辺社一具
蚊野《かの》社一具

この記事を解説しますと、「四月十四日は、アマテラスに新しい着物をさしあげるまつりである。この日にはまた、御笠縫内人という役目の神官が蓑《みの》と笠を二十二ずつ作ってカミにさしあげる」というのです。そして、さしあげる神社の名と、さしあげる数を書きあげているのです。

神御《かんみ》衣《そ》のまつりは、いまでも皇大神宮では、一月おくれの新暦五月の十四日に行なっています。古い信仰では、棚機つ女がふだん、機織りをしていて、この日におとずれてきたカミに織りあがった着物を着せる、そのまつりの日です。そして、棚機つ女が、おとずれてきたカミの一夜妻となる日なのです（まつりの日は七月七日ではありませんけれども）。

　そのようなだいじなカミまつりの日に、皇大神宮祭祀集団では、アマテラスの本宮とおもだった神社に、蓑と笠をさしあげる神事が行なわれていたのです。蓑笠は、カミがカミであるしるしに、身につけるものなのです。

　スサノオが高天原《たかまがはら》を追放されるときには、蓑笠を身にまとっていました。有名な秋田県男鹿《おが》半島の〝なまはげ〟は、青年がカミに仮装して家々をおとずれるのですが、彼らも蓑を身にまとっています。〝かくれ蓑〟の昔話は、蓑とか笠とかが、カミの身につけるもので、したがってカミのシンボルであったことをものがたっています。

　この行事が、日祈《ひのみ》のまつりでした。日祈とは、風雨を防ぐ道具をカミにさしあげて、風雨の平安をいのる行事であったのです。農業が順調に行なわれて穀物がよくみ

のるように、太陽や風や雷のカミに天気をいのるまつりだったのです。つまり、天つカミに対する天気まつりでした。そして、この天気まつりこそ、皇大神宮＝イセの大神＝天つカミのまつりの神髄なのです。

さて、この蓑笠をおくられる神社のうち、月読宮以下はみな皇大神宮の宮域のそとの、南伊勢・志摩のあちこちの村むらにちらばってまつられている神社ばかりです。これらの神社は、皇大神宮の別宮や摂社で、伊勢神宮の神社群のなかでもことに格式と権威の高いものばかりです。

ところで、よくみてみますと、ここに書きあげられている最初の、大神宮以下の六つの神社（滝祭社まで）は、どうしても皇大神宮の宮域のなかにまつられていなければならないことがわかるのです。そのなかに、雷のカミと風のカミがまつられている事実は、アマテラスの神格の側面の表現といわなければなりません。なぜなら、滝祭りはいうまでもなく、アマテラスの降誕祭なのですから、このカミはアマテラスそのものです。それだからこそ、江戸時代の神宮学者は、「滝祭神は本宮と別ならず。深き旨坐すなるべし」といっています。

この論旨は、大神宮と滝祭社とのあいだにあげられている伊加津知《いかづち》神社と風神社とにも、当然あてはめられなければなりません（荒祭宮は、本宮につぐ神社で、宮域のなかにあり、アマテラスの荒御魂《あらみたま》を、いまにいたるまでまつっています。大奈保見神社は、ここ以外に文献にも伝承にもあらわれていないのでわかりませんが、古代の霊魂に対するある種の信仰であったのでしょう。そして、早く忘却された信仰であったと思われます）。

事実、風神社は、後に元寇のとき神風をふかせて蒙古の船を沈めた功績によって、正応六年（一二九三）に社殿を造営してもらって別宮となり、風日祈宮《かざひのみ》となりました。しかしそれまでは、滝祭りのカミとおなじように社殿も姿もなしに、宮域のなかでまつられていたカミであったと、江戸時代の神宮学者はみています。そうすれば、伊加津知《いかづち》神社も風神社や滝祭社とおなじく、社殿も姿もなしに、皇大神宮の宮域のなかでまつられていたカミであったと考えないわけにはいかないのです。

本宮のアマテラスが手厚くまつられるのに反して、アマテラスの姿なき属性のカミ、伊加津知神社の信仰はどんどん衰えてゆきました。そして、伊加津知神社はいつのまにかまつられなくなって消滅しました。風神社の信仰も衰えて、もはやアマテラスの神格の側面とは神宮の神官たちも思わなくなったころ、元寇があり、神風がふいたという風説がおこりましたので、風のカミだけがふたたび脚光をあびて、風日祈宮という名と建物とをあたえられたのでした。しかし、信仰の衰えは、もはやこの風のカミをアマテラス＝イセの大神と同一のものとはみなさなくなっていましたので、古典にでてくる級長津彦《しなつひこ》（級長戸辺《しなとべ》）という名の風のカミに祭神をおきかえてしまって、今日にいたるまでまつっているのです。

さきに述べた奈良時代の大般若経が、イセの大神を神風仙大神ともよんでいるのは、アマテラスと風のカミとが一つのものであったことを端的に示しているといわなければなりません。

雷が天つカミであったことは、さきに引用した賀茂別雷神社のカミが雷であるという信仰のあったことでもわかりましょう。皇大神宮の前身のカミと、この賀茂の雷神と、天から降臨してまつられるしかたがまったくおなじであることからみても、それらは本来同一の神格であるといわなければなりません。

平安時代のはじめに、たしかにまつられていた雷と風のカミの祭場は、文献に書き残されていないのでわかりませんけれども、わたくしは、その祭場はたぶん滝祭りの祭場と同一の場所か、その付近であったろうと想像しています。なぜなら、後に鎌倉時代になってつくられた風日祈宮の場所が、皇大神宮とは五十鈴川をへだてた反対がわの川ばたにあるからです。皇大神宮とは離れて、鼓ケ岳のがわの古い滝祭りの祭場

——の木むらにすぐ隣りあってならんだ位置に、風日祈宮が設けられていることは、風のカミがもともと川に臨んで日まつりを行なうという性格のカミであったなごりをとどめているのではないかと想像されるのです。

5　まつられぬアマテラス

古典をしらべてみますと、古くはアマテラスは実際にはまったくまつられていません。そのわけは、天皇家の祖先神としてのアマテラスは、天武・持統天皇によって七世紀後半につくりあげられた、たいへん新しいカミだからです。

アマテラス以前の太陽霊は、アマテルとよばれ、男性のカミでした。アマテルは、全国各地における土豪と民衆の守護神でした。

七世紀後半のクーデター

わたくしはいままでに、皇大神宮ができあがった年が、文武二年（六九八）であることと、皇大神宮成立以前のカミがアマテラスオオカミではなくてイセの大神であること、そのカミは天つカミで、太陽や雷や風をまつるものであったこと、川に御生《みあ》れするカミであったことなどを実証してきました。

そこでつぎには、アマテラスオオカミという、天皇家の祖先神がつくりあげられた時期を割り出さなければなりません。また伊勢に、そのような天皇家のアマテラスオオカミがまつられはじめたときもはっきりさせなければなりません。わたくしは、この問題を論ずるためには、どうしても壬申《じんしん》の乱という七世紀半ばの内乱と、天武・持統の二人の天皇の活躍を中心にすえなければ、ほんとうのことがわかってこないと思います。この七世紀の後半の時期こそ、日本の歴史上、天皇その人の身についた政治権力が最高度にたかめられたときなのです。天武・持統両帝は、長い天皇の歴史のなかでも、とびぬけた実力者でした。

アマテラスオオカミは、天武・持統両帝がつくったカミです。皇大神宮は、天武・持統両帝が築きあげた神社です。この両帝は、壬申の乱というクーデターを敢行し、身命をかけて二人の政権を獲得しました。その政権を永遠にするために、自分たちの権力の美化に熱心であったのは当然のことでした。なぜなら、この両帝は、日本における最高の古代専制君主であったからです。それまでまだ地盤の固まっていなかった天皇政権を絶対なものに築きあげたのは、天武・持統両帝の七世紀後半における活躍であったのです。アマテラスと伊勢神宮が、どうして彼らと無縁であることができましょう。

天皇家の祖先神としてのアマテラスオオカミができあがらなければ、皇大神宮は天皇家の祖廟としてできあがるはずがありません。ですからそこで、わたくしはまず、天皇家の祖先神としてのアマテラスオオカミが、天武の即位以前にはなかったという事実を論証しておこうと思います。そうすることによって、アマテラスオオカミと皇大神宮の成立の時期をおのずから限定し、さらに正確な時点を確定できるようにと、論証をすすめていきたいと思います。

太陽神崇拝

『日本書紀』の敏達《びだつ》天皇六年（五七七）の条に、「詔して日祀部《ひまつりべ》を置いた」という記事がみえます。この記事の意味と信頼度は、いままでわからないものの一つでしたが、今谷文雄氏が「古代太陽神崇拝に関して」（「日本歴史」一三一号）という論文で、その説明をされました。この論文は、短いけれども重大な内容をもっています。この論文があきらかにしたことは、朝廷に日祀部を置いた敏達六年には、天皇家は太陽そのものを礼拝していた、つまり日まつりを行なっていたのであって、このころにはまだ天皇家の祖先神としてのアマテラスオオカミはできていなかった、という事実です。

天皇家は、いつのころからかトーテムとしての太陽をまつるようになっていた。しかし、そのような天つカミ＝日（太陽）は、どこまでも自然神であって、人格化されて天皇家の始祖とみなされるところまでいっていない、というのです。これは、賛成せざるをえないすぐれた研究です。

しかも、この日祀部は、敏達天皇のすまいのある他田《おさだ》におかれていました。他田は、いまの奈良県桜井の町のすぐ北側（奈良盆地の東南端）のところで、有名な神体《しんたい》山の大三輪《おおみわ》神社（大神神社《おおみわ》）のあるところです。大三輪のカミは蛇で、夜な夜な女性のもとにかよっていたことは古典にしるされていて、名高いはなしです。

大三輪神社は、神体は三輪山《みわやま》で、円錐形（笠のような）のうつくしい形をして大和盆地に臨んでいます。古代の人びとは、この秀麗な山の姿をながめて、この山をつたわって天つカミが地上に降りてくることを信じていました。山の頂上と中腹と山麓には、めだつ岩があり、カミはこの岩をつたわって、山のいただきから山麓に降りてくると信じられていましたので、古墳時代のまつりに使った土器類が、このような岩の前から多数発掘されています。そして、この神社はいまでも山そのものをカミと考えていますので、本殿の設備はありません。ただ山麓に、この神体山を礼拝するための拝殿がおかれているだけです。

三輪山の信仰は、日本の固有の信仰の形を、もともとの状態でよく保存している、もっとも標本的な神社の一つなのです。これとよく似た形式の神社は、いまでも日本全国の各地にたくさんありますし、古典を調べれば、これが古代の神社にはきわめてふつうの様式であったことはすぐにわかります。

ところで、いまわたくしたちが注意しておかなければならないことは、この三輪山の信仰が、さきに述べた京都の賀茂社の信仰とも、また皇大神宮の鼓ケ岳の信仰ともたいへんよく似ていることです。心《しん》の御柱《みはしら》を、遷宮のとき切り出すまつりを鼓ケ岳の山中で行なうのが、木本祭《このもと》とよばれていますが、その直前に鼓ケ岳の山の入口で、この山のカミ（御杣山《みそまやま》に坐《ま》すカミ）をまつる神事があります。それを山口祭《やまぐち》とよんでいますが、このまつりを行なう場所には巌《いわ》の社《やしろ》という岩石があって、そこで神事が行なわれています。つまり、心の御柱＝ツキサカキは、皇大神宮の神体山である鼓ケ岳をつたわって降りて岩によりつくカミを、常緑樹にのりうつらせて五十鈴の川ばたに運んでゆく、そういうカミであったのです。

このような皇大神宮の前身の信仰の形は、三輪山の信仰の形でした。この三輪山の場所のあたりに、日本古典がしるしているアマテラスオオカミを最初にまつった笠縫《かさぬい》の邑《むら》があったのでした。

三輪山をめぐる遺跡

皇大神宮にも御笠縫内人がおかれて日祈《ひのみ》の神事に使う笠をつくっていたことは、さきに述べておきました。笠はまるい形をしていますので、太陽のシンボルなのでした。この両者が、大和と伊勢とで共通していることは重要なことです。

そして、この三輪山のふもとの場所が敏達天皇のすまい（訳語田幸玉宮《おさださきたまのみや》）の場所であり、他田日祀部《おさだのひまつりべ》（訳語田《おさだ》、日奉部《ひまつりべ》とも書く）のおかれた場所であることは、アマテラスの誕生の問題を、大和において観察してゆく場合に、どうしてもみのがしてはならないことなのです。

皇大神宮のある伊勢の宇治でも、またこの他田でも、天つカミ＝太陽の霊魂《スピリット》に、山をつたわって地上に降りてもらって、日祀《ひまつり》（日奉）＝日祈《ひのみ》という天気まつりを行なう神事が、そのむかし毎年行なわれていたのです。天つカミの信仰は、日本各地できわめて普遍的なものでしたから、大和で天皇家も行ない、伊勢では宇治の土豪も行なっていたのです。

ここではまず、大和に天皇家の行なう日奉の神事団が設置されていたのが、六世紀の終わりごろのことであったことに気をつけておきましょう。そして、太陽霊はまつったけれども、それはどこまでも自然神的で、天皇家の祖先を太陽ときめていたわけでないことを注意しておきましょう。

太陽の子孫

さきに述べた京都の賀茂のカミの場合でも、賀茂氏は雷を天つカミとしてまつっていた地上の人びとなのであって、けっしてじぶんたちが雷の子孫だとは思っていません。天つカミすなわち雷や太陽は、もともと地上の人びとにとっては、おそれつつしんで拝礼するものであって、これを最初から祖先神にしてしまったわけではないのです。賀茂氏は、じぶんたちのまつる雷のカミを、人格化はしましたけれども（賀茂別《かもわけ》雷神《いかずちのかみ》とよぶ）、最後まで祖先神化しなかったいちじるしい例です。

しかし、天皇家が七世紀の終わりに、天つカミ＝太陽を祖先神にしたのをてはじめに、八世紀ごろにはたいていみな同様に、太陽や雷や雲や、そのほかの天空の自然現象をおもいおもいに人格化し、さらに祖先神にしてしまっています。日という文字を、血縁集団の祖先のカミの名につけている氏族はたいへん多いのです。伊勢神宮祭祀集団のなかの豪族にも、もちろんあります。天皇家だけが太陽をまつっていたのでもなければ、天皇家だけが太陽の子孫だと主張したのでもありません。六世紀以後、日本に普遍的に行なわれた天つカミの信仰の、当然のなりゆきとして、太陽をはじめ雲や雷や風や月などの天空の自然現象は、みなそれぞれおもいおもいに氏族の祖先神にされてしまったのです。

アマテラスといわないだけのはなしで、たとえば伊勢神宮の外宮の禰宜《ねぎ》の家すじである度会《わたらい》氏は、天日別命《あめのひわきのみこと》を祖先神にしていますが、このカミの名は、別のいいかたで太陽の霊魂《スピリット》を人格化しているにすぎません。つまり、度会氏も天皇家とおなじく、太陽の子孫であることを主張しているのです。これと同じような例は、大和における豪族で、日祀部の世話役であった佐伯日奉造《さえきのひまつりのみやつこ》が天押日命《あめのおしひのみこと》の子孫であるといっているのをはじめとして、全国的にいくらでも例をあげることができます。また、外宮の度会氏は、その先祖を天牟羅雲命《あめのむらくものみこと》だともいっています。天つカミを、じぶんたちの先祖だと思うのですから、太陽も雲も、どちらも先祖だといっても矛盾はない道理です。

オオヒルメ

天皇家の祖先神としての固有名詞は、アマテラスオオミカミ（天照大御神）です。この呼び名は、奈良時代には確定していました。『古事記』は、古いつたえをきちんと一本に整理して叙述しましたので、最後に統一されたこのカミの呼び名だけを使って文章を書いています。

けれども、『日本書紀』は古いつたえを整理不十分のまま掲載していますから、カミの名を統一する以前の呼び方がいろいろと乱雑にでてきます。日神とか、大日孁貴《おおひるめのむち》とか、天照大日孁尊《あまてらすおおひるめのみこと》とか、アマテラスオオカミ（天照大神）とか、書きしるしていますが、これらのカミの名は、このまま太陽の霊魂からその人格化、さらに天皇家の祖先神化されてゆくプロセスを順次に示しています。

日神とは、いうまでもなく自然神そのものです。大日孁貴は、日をまつる女性を意味していますので、太陽を人格化した段階です。アマテラスオオカミは、もちろん完成した天皇家の祖先神の呼び名ですが、その途中の天照大日孁尊は、未成熟な天皇家の祖先神です。人格神を、天皇家の祖先神に進化させる途中の段階を示すカミの名です。そして、このカミの名は、持統天皇のころにはまだ使用されていたのです。持統天皇三年（六八九）に、草壁皇子が死んだときに、柿本人麻呂のつくった挽歌はつぎのとおりです。

天地《あめつち》の、初《はじめ》の時し、ひさかたの、天の河原に、八百万《やおよろず》、千万神《ちよろずかみ》の、神集《つど》ひ、集ひいまして、神はかり、はかりし時に、天照らす日女尊《ひるめのみこと》、天をば、知らしめすと、葦原《あしはら》の、瑞穂《みずほ》の国を、天地の寄り合ひの極《きわみ》、知らしめす、神の命と、天雲の、八重かき別きて、神下し、いませまつりし……

なるほど、ここでは〝天照らす日女尊〟は、たしかに天皇家の祖先神として意識してとりあげられています。しかし、『古事記』が一貫して使用している、アマテラスオオミカミの呼び名とちがっていることに注意しなければなりません。天皇家の祖先神たる固有名詞が、まだ固まっていないことを重視しなければならないのです（人麻呂の挽歌は、いうまでもなく、もっともあらたまった儀式歌です。そのような歌で、アマテラスオオミカミといわないのは、まだそのカミの名が成立していなかったからだ、とみなしてさしつかえないでしょう）。そして、ヒルメはもともと太陽の妻、すなわち棚機《たなばた》つ女《め》である巫女のことで、普通名詞にすぎなかったことに関心を払っておかなければなりません。

ここに引用した持統天皇の皇太子の草壁皇子のためにつくった挽歌のほかにも、柿本人麻呂は宮廷歌人として、天皇の権威をたたえる歌をたくさんつくっています。そのような長歌のはじめの部分に必ず、「やすみしし、吾大王《おおきみ》、高照らす、日の皇子《みこ》」とうたいだしています。そのことでも知られるように、持統天皇の時代にはたしかに天皇が太陽神の子孫であると、自他ともに（宮廷のうちでは）意識していたのですけれども、その祖先のカミの名はまだ固まっていなくて、多分に普通名詞的なヒルメを使用しているのです。天照大神という呼び名が、天皇家の祖先の人格神の名として固定するのは、皇大神宮のできあがる文武二年（六九八）の前後のことだと、わたくしは思わざるをえないのです。

アマテラスの胎動期

天皇家の祖先のカミとしてのアマテラスがつくられる時期をもとめて、わたくしはいままでに二つのことをあきらかにしておきました。その一つは、敏達六年には、まだたしかにアマテラスはつくられていないこと。その二は、七世紀終わりの持統天皇のころには、アマテラスオオカミの名は必ずしも確定していないけれども、実質的なアマテラスはすでに形成されていた、という事実です。

わたくしどもは、この二つの年代のあいだの時期を点検しなければなりません。アマテラスの生誕のときを、みつけだきなければなりません。

そこでつぎに述べたいことは、大化の改新（六四五年）以前には、天皇家はアマテラスをいっこうにまつった形跡がないという事実です。それについては、直木孝次郎氏が「天照大神と伊勢神宮の起源」（『古代社会と宗教』所収）という論文で、重大な指摘をしておられるので、左に引用しておきましょう。

皇祖神の信仰は果して大化前代から存したものであろうか。

日本書紀の神武紀より皇極紀までの記事から、天皇・皇后或いは皇太子が祀り又は宮中で祀るとされている神についての記事を検べてみると次のようになる（伊勢神宮に関する記事を除く）。天神地祇（神武前紀）諸神（神武前紀）高皇産霊尊（神武前紀）諸神（神武前紀）皇祖天神（神武四年）天照大神・倭大国魂神（崇神六年）大物主神（崇神七年）八十万群神（崇神七年）墨坂神・大坂神（崇神九年）神名不詳（垂仁三十四年）群神祇（景行三年）志我神・直入物部神・直入中臣神（景行十二年）天神地祇（景行十八年）五十鈴宮に居る撞賢木厳之御魂天疎向津媛命・尾田吾田節之淡郡に居る神・於天事代於虚事代玉籤入彦厳之事代主神・表筒

男・中筒男・底筒男の神（仲哀九年神功前紀）尽くの神祇（仲哀八年）神祇（神功前紀）神祇（神功前紀）大三輪神（神功前紀）天神（神功四十七年）神祇（応神九年）筑紫に居る三神（履中五年）淡路の嶋の神（允恭十四年）天地社稷の百八十神（欽明十三年）神名不詳（用明二年）神祇（推古十五年）四方を拝し天を仰ぐ（皇極元年）……以上第一類

この外に天皇が人を遣して祀った神としては、伊勢神宮の外に、笥飯大神（神功十三年）胸方神（雄略九年）出雲大神（古事記垂仁条）があり、又四方に令して地震の神を祭らしめた（推古七年）こともある。……以上第二類

これで見ると、天神・諸神・群神・神祇・天神地祇などと記された神名の明かでない神が最も多く、第一類の記事二十六条中の十八条を占める。天照大神、皇祖天神は各一回しかなく、他は倭大国魂神・大物主神・大三輪神など地方の神々と五十鈴宮に居る向津媛命と、高皇産霊尊とである。

右に述べられているように、大化の改新以前には、天皇家はいっこうにアマテラスをまつっていません。神武天皇が皇祖天神をまつり、崇神天皇がアマテラスをまつったことが、それぞれ一回ずつだけあり、それがアマテラスをまつったすべてです。

神武と崇神は、ふたりともハツクニシラススメラミコトとよばれて、天皇家の始祖であるとされています。『日本書紀』や『古事記』の記事は、あたらしい時代ほど信頼性が強く、古くさかのぼるほど信憑性がないとされています。ことに、もっとも古い時代の記事は、書きようがないので、『日本書紀』や『古事記』の書かれた時代(八世紀)の信仰や史実を反映して創作されている点が、非常に多いといわれています。そのくらいですから、たった二つのこの記事も、その真実性はすこぶる疑問なのです。むしろ、『日本書紀』の編集された時代の天皇家の祖先神信仰を、そのままむきだしにして、もっとも古くさかのぼった天皇家のはじまりの時代のはなしとして、とってつけたのであろうと判断するのは、いまの学界の常識にてらしてもいちばん自然なみかたです。

そういうことになりますと、祖先神のアマテラスは(伊勢神宮関係の記事を除くと)、まったく天皇家によってまつられた痕跡はない、という重大な事実に気づかないわけにはいきません。

なお、皇祖天神といういいかたに、天皇家の先祖は〝天つカミ〟だと意識された時期のあったことが、はしなくも暴露されているということができます。天皇家にとっ

―ても、はじめのある段階では、天つカミとアマテラスとが同義語であったのです。

伊勢神宮関係の記事は、後に吟味してみることにしますが、結局、わたくしたちがここで判断しなければならないことは、天皇家はいかなる重大な機会においても、アマテラスオオカミを大化の改新よりも前にはまつるならわしがなかったのである、という事実です。つまり、敏達六年（五七七）以後大化元年（六四五）にいたるあいだは、まだやっぱりアマテラスは誕生していなかったのです。

ついでながら述べておきましょう。大化の改新の後、孝徳・斉明・天智の三人の天皇がつづいて立ち、そのあいだ政治の実際は中大兄皇子＝天智天皇がとるのですが、天皇家はそのあいだ、ただの一度もアマテラスをまつったり、伊勢神宮をまつったりしたという事実が、『日本書紀』の記事のなかには出てこないのです。

この時代は、天皇家が必死になって政権を固めようと努力していた、のるかそるかの危機的な時期なのです。それなのに、アマテラスをまつらず、伊勢神宮をまつらないのは、まだそれらのものが存在しないからだと断じて、すこしもさしつかえありません。もし存在していたら、どうしてもまつっているし、まつったという記事が『日本書紀』にのるはずです。それは、天武・持統両帝以後、アマテラスや伊勢神宮に対して異常なまでの関心のたかまりが天皇家にみられて、その結果として、それらの記事が『日本書紀』や『続日本紀』にさかんに出てくるのに比べて、あまりにはげしく対照的でありすぎますから、そう判断せざるをえないのです。

ところで、わたくしはいま、天武・持統両帝のとき以後、アマテラスと伊勢神宮関係の記事が古典に頻出すると述べました。それは、この時期がアマテラスと伊勢神宮の胎動期であるからです。では、アマテラスおよび伊勢神宮の、それぞれの懐胎のときと誕生のときを、はっきりとした時点においつめて追究していきましょう。

壬申の乱のいのり

天智天皇の近江《おうみ》朝廷の時代以前は、アマテラスを古典のなかから検出しようとしても、真実性がないのでできないということを、いままでに説明してきました。これとは別に、伊勢神宮関係の記事はかなり多く『日本書紀』におさめられていますけれども、これも天武天皇前のものは、みな伊勢神宮のはなしとちがう別なものをまぎれこませたか、または真実性がなくて創作されたものかの、どちらかだという事実がありますが、それはあとでくわしく説明しましょう。

そういうことになると、アマテラスオオカミが真実性をもって、古典のうえにたしかにあらわれてくるのは、いったいいつなのかという疑問がおこります。

わたくしは、アマテラスオオカミが、天皇家の祖先神として人格をあたえられてつくりあげられるのは、天武天皇の即位以後持統天皇のころまで、すなわち天武元年（六七三）から文武元年（六九七）までのあいだだと思います。それというのは、天武天皇即位の前年（六七二年、壬申の乱）には、〝天照大神〟の名は文献にあらわれてきていますけれども、それはまだ人格神でなくて自然神であって、天皇家の祖先神とみなされないからです。また、持統天皇が位を文武天皇に譲った翌年（六九八年）には、多気大神宮が度会郡に遷されて皇大神宮が完成していますから、多気大神宮の存在しているこの年には、アマテラスオオカミは誕生していたものとみなさざるをえません。

そこで前述のように、天武・持統両帝の治世の時代の二十五年間のうち、そのはじめのころアマテラスは懐胎し、その終わりのころ誕生したと判断しなければならないのです。

さて、天武天皇即位の前年の壬申の乱のさなかに、陣中で天武天皇がいのった〝天照大神〟とはいかなるものか、これから検討してみたいと思います。

壬申の乱をおこした天武天皇は、皇后の持統をともなって大和《やまと》の吉野のすまいを出発し、夜になっても歩きつづけて、あくる日の朝、三重県の鈴鹿峠近くまで到着しました。翌日、三重県北部の原野を愛知県に向けて進軍したのですが、日が暮れ、雷雨もはげしく、一行はずぶぬれになってこごえました。『日本書紀』は、その苦労な状態をつぎのように描写しています。

川曲《かはわ》の坂下《さかもと》に到りて日暮れぬ。皇后の疲れたまふを以て、暫く輿《みこし》を留めて息《やす》みたまふ。然るに夜曀《くも》りて雨ふらむとし、淹《ひさ》しく息《やす》むことを得ずして進行《みた》す。是に、寒くして雷雨已甚《はなはだ》し。駕《みとも》に従ふ者の衣裳《きもの》湿れて寒さに堪へず。乃ち三重《みへ》の郡家《こほり》に到りて、屋一《いへひとつ》を焚《た》きて、寒《こご》ゆる者を熅《あたた》めしむ。

そこで天武天皇は、そのあくる日の「旦《あした》に朝明郡《あさけのこほり》の迹太《とほ》川辺《かはへ》に於て、天照大神を望拝《たよせにをが》みたまふ」ことになるのです。『日本書紀』が述べる、この「天照大神を望拝みたまふ」という文は、いままでたいへんあやまって理解されていた文章です。これを、皇大神宮を遥拝した、と思いこむ人がいままで多かったのですが、このころ皇大神宮はありませんし、かりにあったとしても天照大神をおがんだまでであって、皇大神宮を遥拝したとは書いてありません。天照大神をまつったところは皇大神宮だから、という先入観から、望拝という文字までも遥拝におきかえて理解してしまうのは、速断といわなければなりません。

望《たよせ》という文字は、漢字そのものの意味からすれば、「みやり、ながめること」です。望には、「ついで」という意味があります。望拝とは、視覚に訴えて礼拝するか、ただ礼拝するという意味があるのであって、遥拝というような意識はありません。それもそのはずです。この場合の天照大神は、天皇家の祖先神ではなく、天つカミ＝日のカミの一表現としてのアマテルオオカミであったとみなければならないものなのです。天皇家が、トーテムとしてまつる自然物の太陽を、朝、望拝したにすぎないのです。望拝の動機は、雷雨にうたれてなやんだからで、天空気象の害をまぬがれるために太陽を拝礼して、その霊魂《スピリット》をいのったにすぎないものと理解すべきでした。

このような断定をするのには、ほかにも理由があるからです。『釈日本紀』に引用されている安斗宿禰智徳《あとのすくねちとこ》の日記には、「廿六日辰時、朝明郡の迹太《とほ》川上で、天照大神を拝礼した」と書かれていますが、この文章は、さきに述べた『日本書紀』の文章を書くもとの史料になったもの、とみなされているものです。しかも、天武天皇の祈請というものは、その後も『日本書紀』によれば、「天神地祇、朕《ちん》を扶《たす》けたまはば、雷雨息《や》まむ。のたまひ訖《おわ》りてすなはち雷雨止みぬ」という恰好のものなのでした。

川辺または川上で太陽を拝礼したのは、天つカミに臨時に天降ってきて、川のながれのなかに〝みあれ〟してもらうためです。古代のカミの出現は、手続きのうえで必ず水中をもぐらなければならないことになっていたからです。

大三輪のカミの神体山にも、水のカミとして有名な穴師坐兵主《あなしにますひょうず》神社がありました。伊勢神宮祭祀集団の村むらは、宮川や五十鈴川や外城田川の川ばたで、社殿や神体の設備なしに、川に〝みあれ〟する天つカミをまつっていたのです。内宮にも外宮にも、そのような河原神社が摂社として残っています。

『更級日記』のアマテル御神

このような次第で、わたくしたちにわかったことは、天皇家は六世紀後半以来、日《ひ》祀部《まつりべ》をおいて太陽を大和盆地でことさらにまつっていたので、その関係から、天武天皇は壬申の乱のときに雷雨にうたれたのを契機に、陣中の川ばたで臨時の天気まつりを行ない、太陽のスピリットを拝礼した事実があった、ということなのです。それにしても、太陽の霊魂をアマテラスオオカミと、すでにそのころ称えるようになっていたかもしれないということを、この『日本書紀』の右の記事を信用するかぎりでは承認しなければならないのではないかと疑われる方もあろうかと思われます。しかし、それに対しては解答の用意があるのです。

雷神であるような天照は、アマテラスとよまずにアマテルとよむのがふさわしいのです。アマテラスよりは、アマテルが、古くて普遍的な呼び名なのです。さきに引用しておいた『日本書紀』にみえる、天照が天からはじめて宇治に天降ってきたという垂仁天皇の条の記事の天照も、ことによるとアマテラスではなくて、アマテルであったかもしれません。

天照大神のよみ方には、アマテラスとアマテルの両方があるのです。そして、皇祖神以外の天照は、アマテルとよばれています。雷雨をやめさせるような、いかにも自然神らしい、古めかしい太陽神は、実は全国的にみなアマテルとよばれて、各地方に分布してまつられているのです。要するに、壬申の乱（六七二年）のときの天照大神は、まだまだ天皇家の祖先神としての、いわゆるアマテラスオオカミでないことだけはたしかです。この天照は、どこまでも自然神です。もちろん、このときの天照大神を、アマテラスオオカミとは絶対によんではいなかったという証拠はありませんけれども、この天照はむしろアマテルとよんでおくほうが、当時の状況から察して、いかにも自然であることは明言できるのです。

そのことは、『更級《さらしな》日記』をみるとわかります。平安時代には、伊勢神宮のアマテラスですら、アマテル御神《みかみ》とよばれていたことが、それをみるとはっきりしているからです。

『更級日記』の著者の母は、一尺の鏡を調達して、娘である著者の身のゆくすえを夢によってうらなわせるために、ある僧侶を代参にたてて、南大和の初瀬《はつせ》の観音にまいらせました。著者はその結果、「常に天照御《あまてるみ》神《かみ》を念」ずる信仰心をめばえさせます。そして、このアマテル御神とは、伊勢神宮のカミであり、また天皇家の内侍所《ないしどころ》（賢《かしこ》所《どころ》）にまつられているカミだと、ひとに教えられます。――これは、重大な記事だといわなければなりません。

笠置《かさぎ》にほど近い京都府相楽郡加茂町の海住山寺《かいじゆうせんじ》には、鎌倉時代のはじめのものとみられる神名帳があり、その最初のところに〝天照大神宮〟の名をあげ、わざわざアマテルとふりがなをつけています。また、平安時代に宮廷でうたわれた神楽歌《かぐらうた》に、「いかばかり、よきわざしてか、あまてるや、ひるめの神をしばしとどめん」とあります。アマテルヒルメはアマテラスヒルメよりも、発生的には古い呼び名であるといわなければなりません。そして、もちろんこのアマテルヒルメは、太陽神のつもりでよばれています。『先代旧事《くじ》本紀』にみえる、天照大神を意味する天照霎には、アマテルヒルメノムチとふりがながつけられています。これらを見比べてみますと、いわゆるアマテラスの本来のよみ方がアマテルであることはたしかです。

アマテル御魂

十世紀はじめの文献によりますと、大和には二つの〝アマテル御魂《みたま》〟の神社がありました。城上《きのえ》郡にある他田坐天照御魂《おさだにますあまてるみたまの》神社と、城下郡にある鏡作坐天照御魂《かがみつくりにますあまてるみたまの》神社とがそれです。

前者は、他田《おさだ》の日祀部《ひまつりべ》のおかれたその場所にあった神社で、いまもささやかながら存続しています。日祀部となんらかの関係があると思われますが、史料がありませんので、日祀部とこの神社とを直接にむすびつけることができませんけれども、おそらくは六世紀の終わり以来、他田で行なっていた日祀部の祭事のなごりをとどめている神社であるとみなしてよいと思われます。日祀部は、朝廷の神事団として、他田において天つカミ＝太陽神の〝みあれ〟をまつっていたのですから、みやこが他へ移った後も、その祭事がこの場所に固着して、やがて神社となっていったのだと推察されます。

鏡作坐天照御魂神社　奈良県田原本町にある。アメノホアカリと、鏡作りの祖イシコリドメをまつり、江戸時代以来、大阪の鏡屋からあつい信仰を受けている。

他田坐天照御魂神社のカミは、その名がわかりません。しかし、鏡作坐天照御魂神社のカミの名はわかっています。天火明命《あめのほあかりのみこと》です。天照御魂は、月読《つきよみ》と対比させて、『延喜式』にならんであらわれてくるので、それらは日神・月神を意味していることはあきらかです。日神を阿麻氏留《あまてる》、月神を月読《つきよみ》とよんだことも、『日本書紀』の顕宗《けんぞう》天皇の条と『延喜式』とをつきあわせてみるとわかります。

くりかえすようですが、アマテルミタマとか、あるいはただたんにアマテルとよばれるカミは、自然現象としての日神そのものです。これを人格化したときには、日＝火の字をつけたさまざまなカミの名が、それをまつる氏族や村によっておもいおもいにつけられました。大和盆地に住んでいた鏡作《かがみつくり》氏は、じぶんたちのまつる日のカミを、天皇家のアマテラスオオカミなどとは思っていなかったのです。天皇家の祖先神を、なにも鏡作氏はまつる必要はなかったのです。鏡作氏は、アマテルミタマを人格化したとき、これを天火明命とよびました。大和という天皇権力のひざもとにおいてすら、アマテルはもともと天皇家の祖先神としてのアマテラスオオカミではありませんでした。

アマテルとアマテラス

天武がもし陣中で皇祖としてのカミをまつるのだったら、もっとほかのまつりようがあったと思われます。雷雨をやめてくれというようなあのまつりかたは、奈良時代に和泉国（大阪府）の山中で雷にうたれてあわててイセの大神をいのった修行僧の態度とあまりにも似すぎています。

それでは、天武天皇が壬申の乱のとき、三重県北部でまつった天照大神はイセの大神なのではないか、という疑問がでてきます。しかしそれは、天つカミ・アマテル段階のイセの大神であったかもしれないし、そうでなかったかもしれない、と答えておくよりほかにはしかたがありません。なぜかといえば、日神としてのアマテル御魂は、『延喜式』によってみると、大和でも京都でも、そのほかの多くの地方でもまつられているのです。アマテラスが、自然神的な天つカミであるかぎり、どこのアマテラスと特定することはできないからです。もともと天照は、ほとんど普通名詞のようなものです。それに、大神という文字をつけてみたところでおなじことです。天武が、そのときイセの大神をまつった、とは文献にあらわれていないのですから、イセの大神であると限定することはできません。

だいたい自然神としての天照は、太陽そのものなのですから、それは普通名詞みたいに普遍的で、どこの天照といって限定しようとしてみてもしかたがないのですが、しいてその天照の祭祀意識から場所と系統とを求めるのであれば、わたくしはむしろ天武がまつったその天照は、他田日祀部のまつっていた天照、つまり他田坐天照《あまてる》御魂の系統のアマテルであったろうと思います。このアマテルのカミは、すなわち『更級日記』にアマテル御神《みかみ》と述べられているそのカミです。

だいたい大和の初瀬《はつせ》＝長谷《はせ》観音は、三輪山信仰を仏教化したものとみなされます。そこの僧侶たちは、三輪山の天つカミの信仰、すなわち他田のアマテル信仰を持続していました。彼らは、そのアマテルを、伊勢神宮の天照と同一視する気持を長く平安時代になっても持ちつづけたのでしょう。だからこそ、永島福太郎博士の指摘される

ように、長谷観音には、伊勢の皇大神宮の本地仏なのだという堅い信念があったのでした。すなわち、長谷観音は滝祭りを信仰の根底にもっていて、滝倉《たきのくら》明神をその鎮守とし、「日は泊瀬より出始也」とか、「天照大神陰蟄之地」とか信じられていたのです。

実際のところ、朝廷がわの祭祀意識からいえば、この三輪山に天降って他田で日まつりをうけるアマテルを伊勢に移転したのが、皇大神宮なのです。だからこそ、『日本書紀』は、皇大神宮は大和の笠縫《かさぬい》から宇治に移された、と書きしるしたし、初代の斎王の大来《おおく》皇女は、まず長谷《はせ》に斎　宮《いつきのみや》をつくって住んだうえで、伊勢に赴任してきたのでした。南大和における笠縫・他田《おさだ》・大三輪神社・長谷観音および穴師坐兵主《あなしにますひょうず》神社の信仰というものは、神体山である三輪山をめぐる小地域に集在していて、実はもと一つの同根の信仰なのでした。このように観察してきますと、あの壬申の乱のときに天武がまつった天照は、大和の他田のアマテルの系統であったと思うのは、きわめてすなおな推理ではないでしょうか。

なぜなら、壬申の乱のころにさかのぼって考えてみますと、この他田のアマテルは、前世紀以来、あきらかに朝廷が特にまつっていた天皇家の〝氏《うじ》のカミ〟であったからです。それにひきかえ、壬申のころには、イセの大神はまだたんなる地方神であって、天皇家の〝氏のカミ〟であった証拠はありません。そして、〝氏のカミ〟と

――は、その氏を特別にまもってくれる守護神の意味です。祖先神たる氏神のことではありません。氏のカミが時をへて、氏神に成長させられるのがふつうです。

壬申の乱のとき、天皇家の祖先神としてのアマテラスオオカミがまだできていなかったことは、ぜひとも強調しておかなければなりません。大化の改新という、天皇家ののるかそるかの危機に際しても、アマテラスはまったくまつられず、それどころか当時のイセの大神などは神領の一部を天皇家にとりあげられて、神郡二十郷を十六郷に減らされているくらいなのですから、壬申の乱のとき突然に、天皇家の祖先としてのアマテラスオオカミが出現する道理もないのです。

だいたい、女性神としてのアマテラスオオカミが出現するまでには、いくつかの段階をふんでいるといわなければなりません。アマテル（日神）↓オオヒルメムチ↓アマテラスヒルメノミコト↓アマテラスオオヒルメノミコト↓アマテラスオオカミという成長の順序をふんでいます。男性の雷神であるうちは、アマテルでなければなりません。そのアマテルは、七世紀末から八、九世紀にかけては天火明命《あめのほあかりのみこと》とよばれる男性の人格神だったのです。アマテラスオオカミは、アマテルが成長・発展せしめら一れた最終段階で創出された非常に特殊な宮廷神なのでした。

ともあれ、壬申の乱に、雷神としての天照《あまてる》を、戦陣においてまつった体験が重大な動機となって、いわゆるアマテラス（天照《あまてらす》）はその後本格的に、地方神イセの大神のなかに懐胎するのです。

6　アマテラスの誕生

イセの大神のカミ妻たる斎王としては、天武天皇が天武二年（六七三）に差し出した大来皇女がはじめての人です。このときがアマテラスと皇大神宮の懐胎のときなのです。

アマテラスの誕生は、文武二年（六九八）よりもわずか数年前にすぎないのです。

最初の斎王

アマテラスの本格的な懐胎は、伊勢神宮の本格的な懐胎と同時であり、アマテラスの誕生もまた、皇大神宮の成立とあゆみをともにしている、とわたくしには確信されるのです。その胎内にある期間は、七世紀終わりの四半世紀ばかりの長きにわたっていました。天武・持統両帝の政権確立のあゆみが、そのままアマテラスと伊勢神宮の胎内における成長のあゆみであったのです。

それでは、アマテラスと伊勢神宮の本格的懐胎の年はいつでしょうか。それはまた、どのような事情で萌芽したものなのでしょうか。

『扶桑略記』の天武天皇二年（六七三）四月十四日の条に、「大来皇女《おおくのひめみこ》を以て、伊勢神宮に献じ、始めて斎王と為す。合戦の願に依てなり」とあります。この文章が、ときとわけとをはっきりものがたっています。『扶桑略記』は、鎌倉時代のはじめに編集された編年史ですが、この本の特色は各条にその文のよりどころとなった出典を掲げていることで、書名のあきらかな引用書だけでも八十二種に及んでいます。そこで、この本は著作の時代はあたらしいのですけれども、内容は古伝をよくつたえていて、かなり信頼してよいものと判断されます。

大来（大伯）皇女が赴任したこのころには、まだ神宮という呼び名はなくて、〝イセの大神〟とよんでいたのだとわたくしは思いますけれども、大来皇女がはじめての斎王であることや、壬申の乱の合戦のときの願立てのお礼として、大来皇女をイセの大神にさしあげたのであることはそのまま信じてよいと思います。

――北伊勢で天武天皇が祈った〝天照〟は、イセの大神ではなかったはずなのに、なぜ合戦のお礼をイセの大神にむかってしたのであろうか、という疑問がここで当然おこってくると思われます。北伊勢でまつった〝天照〟が南伊勢のイセの大神に、いわば、すりかえられるにいたった理由があるのです。それはもう少しさきで説明しましょう。なお、『日本書紀』には大来皇女のまえにも伊勢神宮の斎王がいたように書かれていますが、それが事実でないことは、「8　太陽の妻」の章でくわしく説明します。

これに似た記事が、『日本書紀』にもみられますが、書紀は「天武天皇二年四月には、大来皇女を天照大神宮に侍《はべ》らせようとして、まず泊瀬《はつせ》の斎宮《いつきのみや》に居らせた」と書いています。そして、その翌年十月に、「泊瀬の斎宮から伊勢神宮に向った」と書いています。

泊瀬＝初瀬は有名な長谷観音のあるところで、他田《おさだ》から少しはなれていますが、やはり大三輪の山のふもとにあります。

『日本書紀』には、「始めて」とか、「合戦の願」とかという文字はみえません。

雷雨に悩んだ天武天皇

さきにも述べたように、壬申の乱のときに北伊勢で日のカミとしてのアマテラスを拝したのも、美濃国（岐阜県）の不破《ふわ》の関の野上というところで天神地祇《ちぎ》をいのったのも、みな「雷雨をやめてくれ」という願いでした。どちらの場合も、「夜、雷《いかずち》電雨《なり》ふること甚し」くて、そこで「則ち天皇祈《の》みて曰く」というのが実態だったのです。天武天皇の合戦の願いとは、こういうものでした。

天武天皇が進軍のあいだにまつったカミは、このような天空の自然現象を支配するカミであったのですから、天武天皇をたすけて壬申の乱を勝たせてくれたカミの行為を神風《かみかぜ》とみなす信念がきわめて自然に派生してくるわけです。雷雨が風をともなうのはあたりまえのことだからです。このようにして、〝神風の伊勢〟（『日本書紀』）、〝度《わた》会《らい》の斎《いつきのみや》宮ゆ神風にい吹き惑はし〟（『万葉集』）という信念がうまれてきたものでしょう。

雷雨にうたれるという同じ条件のもと、北伊勢ではアマテラスをまつり、不破の関では天神地祇をまつったのは、アマテラスが天神地祇と同一のものであることを示していると思われます。天神と地祇とは、本質的には同じもので、いずれも天つカミの

──ことです（『令義解《りょうのぎげ》』神祇令、天神地祇条）。

要するに、自然現象としての太陽・雷雨をまつったにすぎない天皇が、ことさらに南伊勢地方の〝イセの大神〟を指定して、皇女をそのカミに献上し、そのカミ妻にしたのには深いわけがあります。

もし天皇がただたんに、壬申の乱の報賽のために皇大神宮を建設しようというのなら、いまのわたくしたちの感じかたからいうと、なにも南伊勢をえらばなくてもよいことで、北伊勢の迹太川辺《とおかわべ》か、美濃の野上をえらんで建設するのが理屈にあいます。しかしまだ、このころには神社は、いまのわたくしたちが考えるような社殿施設を特設したものではなかったのです。神社とは、まつられている人びとが意識している目にみえないカミと、そのカミをまつる人びとの集団（村国《むらぐに》）と、その人びとの住む自然地形のなかの特定の祭場（名山大川《めいざんたいせん》）があればよかったのです。

カミをまつる行為は、村をつくっている人びとの政治および社会生活そのものでした。村という共同体の生活をはなれて、人びとの生活意識から孤立した神社などはありえなかったのです。たとえば、明治時代にしきりにつくられて、天皇の忠臣をまつった別格官幣社（大阪府の四条畷《しじょうなわて》神社や福井県の藤島神社など）のように、自由に場所だけをえらんで建築され、村びとの生活と完全に遊離しているというような信仰形式は、実は七世紀半ばのこのころには絶対におこりえなかったのです。

天武天皇は、なぜ南伊勢地方のカミに皇女をささげたのでしょうか。それを知るためには、はじめに南伊勢地方の土豪のありさまをみておかなければなりません。

南伊勢の地方豪族

南伊勢の宮川下流域の地方は度会県《わたらいのあがた》とよばれ、そこに住む度会氏が、県造《あがたのみやつこ》となっていました。県は、大化の改新以前の地方の政治単位です。それは、県造（ふつうは県主《あがたぬし》）によって支配されているのです。県造をその頂点においた、独立性・土着性の強い政治団体だったと思われますが、また一面で、そのような県は大和の天皇政権にはっきり服従を誓ってもいました。つまり、天皇につきしたがっていた独自性の強い政治単位で、天皇への隷属の程度はかなり強かったのだろうと思われます。

そして、この度会県造は、南伊勢から志摩半島におよぶ海岸の一帯に住んでいる漁民を、大和の朝廷から命ぜられて、朝廷のかわりに管理していました。漁民たちは、階級社会の未成熟な、つまり人びとのあいだに上下の差別のまだできていない原始的な血縁共同体の形で、海辺の村をつくっていたのですが、そのような漁民たちは、村ごとすっかり大和朝廷の（気持としては）所有とされていたのです。そのような漁民たちを、磯部《いそべ》（伊勢部《いせべ》とも石部《いそべ》ともいう）とよんでいました（『古事記』応神天皇条。『日本書紀』応神天皇三年、同五年条）。度会県造は、この磯部である村むらを、朝廷にかわって現地で管理していた、有力な地方豪族であったのです。

『続日本紀』の和銅四年（七一一）の条に、「伊勢国の磯部の祖父《おおじ》・高志の二人に、渡相神主《わたらいかんぬし》という姓を賜わった」とありますように、伊勢神宮の外宮の禰宜《ねぎ》をつとめた家すじの度会神主氏、つまり度会氏は（大和朝廷の気持からすれば）そのような磯部であり、またその管理者でもあったのでした。この度会神主氏は伊勢の国造《くにのみやつこ》でありましたし、南伊勢地方の村むらが共通にまつっていたイセの大神の大神主《おおかんぬし》でもあったのです。

この度会氏は、あきらかに日を氏の守護神としてまつっていました。そのことは、後に度会氏が、その先祖を天日別命《あめのひわき》であるとか、天日鷲命《あめのひわし》であるとかといっていることでもわかります。度会氏は、日のカミであるイセの大神をまつる大神主であったのです。このような事情が、天武の北伊勢で示した日のカミへの関心を、結局、南伊勢の度会氏の勢力範囲へ定着させる、重要な原因となったとみなされます。

大化の改新以前のそのころの国《くに》とか県《あがた》とかよばれるものは、いまの一つの郡ぐらいの大きさの政治単位で、くりかえしていいますように、形式はともかく、実質はさながら独立国でした。

征服された漁民

古代の神社とは、特定の名をつけたカミをまつる人びとの政治団体そのものでした。ですから、古代の神社は、そのまま国であり、日本のなかの実質的な独立国であったのです。度会氏を中心に結成されて南伊勢地方にあった伊勢の国は、そのまま〝イセの大神〟だったのです。そして、このような〝イセの大神〟は、朝廷の支配に服属した独立国であり、朝貢国であったのです。

このような磯部とよばれる漁民たちの伊勢の国は、遠いむかしに天皇家によって攻め従えられたものなのでしょう。伊勢津彦《いせつひこ》が、神武天皇の軍に攻められて逃げたという『伊勢国風土記』逸文のはなしは、その征服ものがたりのなごりだと信ぜられます。伊勢の漁民たちが征服される実際の模様は、文献がないのでたしかではありませんが、想像することはできます。というのは、九州の西端の五島列島の漁民が天皇に征服された状態を、『肥前国風土記』がくわしく書きしるしていますので、おそらくそれと似たものだったろうと思われるからです。そのはなしの大要は、つぎのとおりです。

むかし、景行天皇が西征したとき、五島列島の島々を眺めみて、従臣の阿曇連《あずみのむらじ》百足《ももたり》をその征服のために派遣しました。百足は、その島に住む人々をつかまえて天皇のもとにつれてきました。天皇は、勅してかれらを誅殺しようとします。そのとき、かれらは叩頭してこういいました。「われらの罪は、実に、死刑にされてもしかたのないものであります。万べん殺されてもその罪を塞《ふさ》ぐことはできますまい。もし恩情を降したまわって、生かしてくださるならば、天皇のめしあがりもの（御贄《みにえ》）を造ってとどけ、いつも御膳にさしあげましょう」と。

かくして島民らは、木の皮をとってきて、それに細工をして、乾しあわびを細長くのばして加工したときのさまざまな形をつくってみせました。そこで、天皇は恩《めぐみ》を垂れて、ゆるして放免しました。……

伊勢・志摩（志摩はもと伊勢の国の一つの郡で、七世紀のころには淡郡《あわのこおり》とよばれていました）は、御食《みけ》つ国とよばれ、天皇の御贄《みにえ》にする乾しあわびなどの魚貝を朝貢していました。それは、五島列島の漁民の場合とおなじく、征服された伊勢の漁民の、天皇家に対する服従の誓いのしるしなのでした。

神国から神郡へ

大化の改新よりも前、このような独立的なイセの大神の国は神国《しんこく》とよばれていました。そして、神国造《しんこくぞう》である度会氏がその首長だったのですが、大化の改新の後は、その国は形式的には天皇家に没収されて郡となりました。これが度会・多気の二郡です。しかし、朝廷は、この国の強い勢力を承認して、この二郡を神郡《しんぐん》と称して、イセの大神にさしあげていました。つまり、そのカミの司祭者である度会氏の国を、実質的に存続させていたのです。

そのような例は、なにも伊勢の国だけではありません。安房《あわ》国（千葉県）安房郡、出雲《いずも》国（島根県）意宇《おう》郡、筑前国（福岡県）宗形《むなかた》郡、常陸《ひたち》国（茨城県）鹿嶋《かしま》郡、下総《しもうさ》国（千葉県）香取《かとり》郡、紀伊《きい》国（和歌山県）名草郡などはみな神郡でした。それぞれ有名な安房神社・出雲大社・宗像大社・鹿島神宮・香取神宮・日前国懸両《ひのくまくにかかす》神宮の神郡であったのです。そして、この神郡の郡司には郡司任用の特例を認めて、いままでの豪族の家すじの人をなんらの制限もなしに任命することにしています。これらのカミをまつる国造は、みな日本の歴史のうえでいちじるしく名のたかい土豪で、そしてカミの司祭者です。天皇家は、このような地方の著名なカミを承認するという形式によって、つまり神社という名目でもって、いままでの地方豪族の政治団体である国や県を、実質的には存続させているのです。

古代の神社は独立国であった、といわれるのはそのためです。そこでは、国の首長がカミの司祭者であって、いわゆる祭政一致を実行していたのです。高柳光寿博士は、「中世の神社は独立国である」とまで述べておられます。それは、このような古代の神社の政治勢力が、後の世の鎌倉・室町時代までつづきますから、そういわざるをえないのです。長野県の有名な諏訪《すわ》大社もそのような独立国の一つで、諏訪地方の領主である諏訪氏は、同時に、この神社の最高の神官でした。そして、室町時代ごろまでは、その祭政一致の主権者の地位につく儀式を、天皇家の場合とおなじように、〝即位《そくい》〟とよんでいたほどです。

民衆のカミの変貌

天武天皇に目をつけられた度会氏は災難でした。それは、じぶんたちのカミをじぶんでまつり、じぶんの国をじぶんで統治する神郡の独立性が、天皇家によっておかされてゆくからです。天武天皇の即位の後は、たしかにこのイセの大神の国は、ほかの神郡のような強固な独立性をもちつづけることができなくなりました。

斎王が赴任するとその役所ができ、やがて多勢の役人が大和から派遣されてきて常駐します。そのほか、神宮司《じんぐうじ》という役所がおかれて、神郡の政治はその役所でつかさどられ、土地の豪族たちはただたんにカミまつりをする仕事だけにとじこめられてゆく。——そういうなりゆきを、七世紀の終わりから八世紀のはじめにかけて、度会氏らは味わわされるのでした。イセの大神が変質し、成長し、天皇家の祖先神におきかえられてゆくのとあゆみをそろえて、大和の朝廷は、この南伊勢の地方をいっそう強く政治的に隷属させていったからです。そうはいうものの、神郡は、イセの大神の場合でも、すくなくとも皇大神宮が確立する文武二年以前には、あきらかに実質的な独立国でした。

まことに、イセの大神は独立国で、そのカミは、それをまつる土地の住民の利益代弁者であったのです。つぎにあげる史料をみてください。『日本書紀』持統天皇の六年（六九二）閏五月にみえる記事です。

伊勢大神、天皇に奏《まう》して曰く、「伊勢国の今年の調役《えつき》を免《ゆる》したまへ。然れば応《まさ》に其の二の神郡より赤引《あからひき》の糸卅伍斤《きん》を輸《いた》さしむべし」。

憂いのカミ妻

この文意は、「イセの大神が天皇に奏上して、おねがいしていうのには、『どうか伊勢の国の今年のみつぎものを免除してください。そうしてくださるならば、そのかわりに度会・多気の二つの神郡で生産される赤引の糸を三十五斤ほど納めさせていただきますから』」ということです。伊勢の住民のために、いまでいえば税金免除の嘆願をやっているのがイセの大神です。そのことばの低姿勢ぶりにもおどろかされます。このイセの大神は、天皇の祖廟のカミでもなければ、大和国家のカミでもありません。完全に地方神です。地方豪族と民衆のカミです。

このころには、イセの大神は、まだ天皇家の祖先神たるアマテラスオオカミを意味していないことはあきらかです。この持統六年ごろには、イセの大神は宮川・五十鈴川・外城田川の、川のカミまつりを意味していたのだと、わたくしは思います。この地方での〝みあれ〟のカミだったのです。まだ特設された社殿を持っていなかったのです。イセの大神は、南伊勢地方の名山大川をまつるという状態で、カミまつりの行なわれていた地方神であったのでした。

イセの大神のカミ妻に献ぜられて、天武天皇の令嬢は、たしかに南伊勢に派遣されてきていました。持統天皇の手によって悲劇的な最後をとげた大津皇子と母をおなじくする姉であった大来《おおく》皇女は、弟をいとおしみあやぶむ有名な歌をつくっています。

わが背子《せこ》を大和へやるとさ夜ふけて、暁 露《あかときつゆ》にわが立ちぬれし
二人行けど行きすぎがたき秋山を、いかにか君がひとり越ゆらむ

『万葉集』にのせられているこの二つの歌は、大津皇子が持統天皇にほろぼされるという身の危険を感じて、姉に最後のわかれをつげるために伊勢にひそかにくだってきたとき、弟を大和へおくりかえすわかれの場でうたわれたものです。

そのくらいですから、大来皇女が初代の斎王として南伊勢の地方に在住していたことは疑う余地がありません。ちょっとみたところ、皇女が斎王としてすでに在任していながら、イセの大神がまだ地方神であるというのは、おかしいようにみえますけれども、実はすこしもおかしくないのです。

これより後のはなしですが、みやこが奈良から京都に移されると、天皇は賀茂のカミを手厚くまつって、皇女を斎王にさしだしました。この斎王を、斎院ともいってい

ます。伊勢に派遣された斎王を、斎宮ともいうのに対比させたことばです。この賀茂のカミは、天皇家のカミではありません。京都地方の土豪の賀茂氏がまつるカミです。天皇家が賀茂氏のカミに敬意を表して皇女をさしあげたように、天武天皇は壬申の内乱のとき、必死のおもいで通過した思い出ふかい伊勢地方の、めだったカミであるイセの大神に敬意を表して令嬢をさしあげたのです。

おなじ太陽神に対するお礼の意味だとしても、天武天皇はなぜ初瀬でアマテルをまつっていたはずの大来皇女を、途中で、伊勢の漁民（海人《あま》）の信仰するイセの大神のまつりにのりかえさせたのでしょうか。そのわけは、イセの大神が、天武天皇が壬申の乱のときに通過した思い出の場所である伊勢の土着神だから……というだけでは、あまりに単純すぎます。そのわけは、実は、天武天皇の名前である大海人《おおあま》皇子と関係があったのです。

三谷栄一博士がすでに説いておられることなのですが、天武天皇は幼少のころ摂津（兵庫県）の大海人《おおあま》氏に養い育てられました（『新撰姓氏《しょうじ》録』によると、摂津には凡海《おおあま》氏が住んでおり、『日本書紀』によればその大海宿禰《おおしあまのすくね》の菖蒲《あらかま》が、天武天皇の葬儀のときに「壬生《みぶ》の事を誄《しのびごと》」しています。誄とは弔詞です。壬生とは、生まれた皇子を育てやしなうことを意味しているので、天武天皇は摂津の海人《あま》に養育された人であることがわかるのです。菖蒲は、天武天皇の葬儀のとき、皇族や宮廷生活のことを述べる大勢の人の弔詞のまっさきに、天皇のおいたちを回顧する弔詞を述べているのです）。したがって、天皇は、摂津の漁民の信仰と伝承に親しみながら成長しているのです。海人のもちつたえた地方神話を、天武天皇はことあるごとにきかされ、漁民の神話になじみながら、大きくなっているのです。

　だから、宇治の撞賢木《つきさかき》のカミが、神功皇后の朝鮮出兵をたすけて後、その荒魂《あらみたま》が摂津にとどまって広田神社となり、おなじく伊雑《いざわ》宮（志摩の磯部のむらにある皇大神宮の別宮）のカミである幡荻穂《はたすすきほ》に出《いで》し淡郡《あわのこおり》のカミ（名は稚日女《わかひるめ》尊）が摂津の生田神社となったという、『日本書紀』の神功皇后の条の記事には注意しなければなりません。『日本書紀』によれば、撞賢木のカミはすなわち天照大神であり、それが広田にとどまったのです。伊雑宮のカミは、『日本書紀』編纂の後、まもなくアマテラスに進化させられていますが、この棚機つ女を意味する稚日女は生田神社のカミになっているのです。この『日本書紀』の記事はなぜできたのかといえば、それはつぎのように推測されます。

　南伊勢・志摩の海部《あまべ》（磯部）は、天武天皇の治世のはじめ二、三年間に、急速に天皇に接近してゆきました。それは、天皇の幼少時代の特殊な海部の信仰経験を利用してでした。海部たちのあいだには、住んでいる国がちがっていても、信仰的にも、実際の生活的にも、たしかに連帯意識がそのころありました。そこで、天皇の身についている摂津の海部のもつ信仰に、伊勢の磯部たちの信仰を結びつけることができもしたし、また伊勢の海人としては結びつけなければならなかったのでした。

天武天皇が伊勢において太陽神からうけた恩恵への報謝は、このようにして、その国の有力な海部の信ずる太陽神への報謝へと固定されてゆくのでした。天武はついに、天皇家の太陽神信仰の場を大和の三輪山のほとり（初瀬）から南伊勢に移動させました。そのときこそ、大来皇女が初瀬から南伊勢に赴任した天武天皇三年十月だったのです。

『日本書紀』天武天皇二年四月の条に「大来皇女を天照大神宮に侍らしめむと欲《おもほ》して、泊瀬《はつせ》の斎宮《いつきのみや》に居らしめたまふ。是は先づ身を潔《きよ》めて、稍《やや》に神に近づく所なり」とあるのは、書紀編集者があとから無理につけたこじつけの説明だといわねばなりません。なぜなら二代目の斎王のタキの皇女は、もはや初瀬に斎宮をいとなむことなく、直接に南伊勢に赴任していますから、タキの皇女に大来皇女のしきたりが適用されないかぎり、大来皇女のしきたりの説明というものは疑ってかからざるをえないわけなのです。もっとも『日本書紀』の成立後は、書紀の記述の趣旨に従って、斎王をいったん都の付近の野宮《ののみや》にいれ、それから伊勢に送りこむ習慣がつくられましたけれども——。

参宮しなかった持統天皇

天武天皇以後、持統天皇の治世の持統六年のころまでは、天皇家はまだあまりこのカミに対して内政干渉めいたことはしていなかったのだと思われます。神宮司がつくられて、神郡の民政や徴税を直接に天皇政府が現地に特設した役所で行なうようになるのは、これよりもおそらくあとのことなのだと思われます。斎宮寮ができて、斎王の身辺がものものしくかためられるのは、あきらかに八世紀にはいってからでした。

イセの大神が税金免除を嘆願した持統六年の、その三月、持統天皇は伊勢と志摩の両国に旅行をしています。志摩半島の阿胡《あご》というところに行宮《あんぐう》をつくり、伊勢・志摩の海のながめをたのしんでいます。そのときに、宮廷の歌人たちのつくった歌が、いくつか『万葉集』におさめられています。

阿胡《あご》の浦に船乗りすらむ少女《をとめ》らが、珠裳《たまも》の裾に潮満つらむか

伊勢の海の奥つ白浪花にもが、包みて妹《いも》が家づとにせむ

このように海の風景と船遊びのたのしさをよんだものがあります。また、海女と真珠のものめずらしさをよんだものものもおさめられています。

伊勢の白水郎《あま》の朝な夕なに潜《かず》くとふ、鰒《あわび》の貝のかたおもひにして
伊勢の海の白水郎《あま》の島津が鰒玉《あわびたま》、取りて後もか恋の繁けむ

この鰒玉は、あわび貝の腹中にいだかれてできた真珠と考えていいでしょう。ちかごろ伊勢志摩国立公園は内外の観光客をあつめて、いままでにないにぎわいかたですが、その旅行者のめざすものは海未通女《あまおとめ》のかなしいたつきのひたむきさと、あやしくも妙なる光をたたえる真珠のうつくしさ、それに島山《しまやま》と海の風光美です。これにくわえて、伊勢神宮への信仰、または見学というエレメントが伊勢・志摩の魅力となっています。

そもそも伊勢神宮への参宮道者《どうじゃ》の徒歩旅行は、十五、十六世紀ごろからさかんとなり、江戸時代には全国的にたいへんな流行をみました。伊勢神宮参詣にはじまった伊

勢・志摩観光への関心なのに、いまでは伊勢神宮はつけたしにされるか、または無視されて、旅人の興味は島山の風景と海女と真珠へ直行してむけられています。

ところで、史上最初の伊勢・志摩観光旅行をこころみたのは、ほかならぬ持統天皇その人でした。その持統天皇は伊勢に来ながら、伊勢参宮をした形跡がないのです。これは驚いたことです。

イセの大神はいました。しかし、特設の社殿もなく、カミは常住しているわけでもなくて、名山大川に時を定めて天降ってきては一夜妻との共寝の短いのを惜しみながら、あくる日には空にかえってゆく、――そういうたてまえのイセの大神であっては、持統天皇も参詣のしようもなかったのです。

持統が、伊勢・志摩にきたその年の五月には、『日本書紀』には、「幣《みてぐら》を四所、伊勢、大倭《やまと》、住吉《すみのえ》、紀伊の大神に奉る。告るに新宮《にいしきのみや》のことを以てす」と書かれています。南大和に藤原京を建設する大工事の着手にさきだって、各地の著名なカミをまつったのでした。また同じ年の十二月には、「大夫等《まえつぎみ》を遣して、新羅《しらぎ》の調《みつぎ》を五の社、伊勢、住吉、紀伊、大倭、菟名足《うなたり》に奉る」とみえています。この書きかたによると、イセのカミは、他地方の土豪のまつる大神と同様に地方神です。そして、これらの記事は、〝イセの大神〟とよばれるか、〝イセの社〟とよばれるかしていた、そのころのプレ＝皇大神宮の実態をよく表現しています。なぜなら、社という字は神社という字とともに、『万葉集』ではしばしばモリと訓読みでよまれているからです。

神社の起源

社とか神社とかいう文字が『万葉集』においてモリと訓ぜられている例を、一つずつあげておきましょう。

山城の石田《いはた》の社《もり》に心鈍《おそ》く、手向したれや妹に逢ひ難き
哭沢《なきさは》の神社《もり》に神酒《みわ》する禱《こ》ひ祈《の》めど、わが王《おほきみ》は高日知らしぬ

山岳の森林であれ、平地の森林であれ、カミが天降ってきてまつりをうける森は神聖視されていました。社とか神社とかいう観念は、七世紀ごろには、このような神聖な森を意味していたのです。皇大神宮の摂社で、外城田《ときだ》川の流域にある蚊野《かの》神社は、いまでも土地の人びとによって、「カナモリさん」とよばれています。この地は、外城田川の氾濫原に、直接にのぞんでいる台地のふちの、八反六畝におよぶみごとな平地林です。外城田川の川のカミ（大神之御蔭川神）をまつっている重要な神社です

が、この例などは南伊勢地方の神社がもともと森を意味していた例証になると思います。

おなじく皇大神宮の摂社の朽羅《くちら》神社は三反九畝の森で、土地の人は「ミヤダモリさん」とよんでいます。外宮の末社には、毛理《もり》神社というのもあります。

わたくしが、皇大神宮のもともとの姿として、いまの皇大神宮の手洗い場から五十鈴川をへだてた向こうがわの川岸にあったという木むら――滝祭りのための木むらをとりあげていうのも、理由のないことではなかったのです。

京都の賀茂神社も賀茂川にのぞんだ糺《ただす》の森《もり》とよばれる森林のなかにあります。総じて神社というものは、社殿建設のまえの時代には、〝御蔭《みあれ》山〟から川ぶちの神聖な森へ、というのがカミの基本的な降臨のコースであったのですから、皇大神宮の場合も五十鈴川の川ぶちの、ささやかな樹叢を問題にしないわけにはいかないのです。

斎　宮

皇大神宮がカミの常住する建物をもった時期、――すくなくとも建物らしい建物をもつようになった時期は、いったいいつなのかということを考えてみるのに、つごうのよい史料があります。それは『万葉集』におさめられた歌で、柿本人麻呂が高市《たけち》皇子の死をいたんでつくった長歌の、「去《ゆ》く鳥の、競《あらそ》ふ間《はし》に、度会《わたらひ》の、斎宮《いはひのみや》ゆ、神風に、い吹き惑《まど》はし……」という部分です。

これは、高市皇子が壬申の乱の際、天武天皇に従軍し、近江にせめこんだ軍勢の総大将として近江の大津にみやこしていた大友皇子（弘文天皇）と戦ったとき、伊勢度会の斎宮の方向から神風がふいてきて高市皇子をたすけ、勝利させたということを述べている歌なのですが、問題になるのは、皇大神宮とも、伊勢神宮とも、アマテラスオオカミともイセの大神ともいわずに、「度会にある斎宮の方角から……」といっている点です。

このことば遣いは、この歌のつくられた当時の持統天皇十年（六九六）七月には、伊勢神宮の前身であるカミの祭場には、カミの常住する建物がまったくなかったか、もしくはほとんどないといってよいに等しいぐらいのささやかなものでしかなかったかの、どちらかだったことを明白に示しているのだと思います。

このような判断は、斎宮ということばの意味を理解すると、どうしてもでてこないわけにいかないのです。斎宮《いつきのみや》（いわいのみや）とは、いまわたくしたちがすぐ思いだすような、すばらしい大きな建物の皇大神宮を意味するものではけっしてありませんでした。それは、『日本書紀』の用例を調べてみたらわかることなのです。すなわち、神功皇后の条に「斎宮《いつきのみや》を小山田邑《をやまだむら》に造らしめ給ふ。三月壬申朔、皇后吉日《よきひ》を選びて斎宮に入り親《みづか》ら神主《（いはひのみや）》と為り給ふ」とみえていて、神功皇后がカミがかりしてカミのことばをつたえるようすがくわしく述べられています。皇后が、カミがかりしてカミをまつるために臨時に特設した家屋が斎宮なのでした。伊勢神宮につかえるいちばん上の神官として天皇家がさしだす女性は、アマテラスがカミがかりする巫女でしたが、その女性は正しくは斎王《いつきのみこ》といいます。そのすまいが斎宮《いつきのみや》《（さいぐう）》とよばれていました。のちには、斎王その人のことを、斎宮ともよぶようにすらなりましたが、それはもちろん正式の呼び名ではありません。

アマテラスは、棚機《たなばた》つ女《め》にあたる斎王の、湯河板挙《ゆかわだな》にあたる斎宮へ、一年に一度、ないし数回、定期的におとずれてしかこなかったのが、もとのしきたりでありますから、カミにとっては斎王の斎宮があればすまいの方は十分なのであって、ことさら、じぶんだけのための豪華な常住家屋は不必要だったのです。

斎宮という字が皇大神宮の前身の神社に関係してつかわれた、もう一つの例があります。それは『日本書紀』の垂仁天皇二十五年の記事で、まえにも引用したことがありますが、もう一度、掲げておきましょう。

時に天照大神、倭姫命《やまとひめのみこと》に誨《をし》へて曰く、「是れ神風の伊勢国は、常世《とこよ》の浪の重浪帰《しきなみよ》する国なり。傍国《かたくに》の可怜国《うましくに》なり。是の国に居らむと欲《おも》ふ」。故《か》れ大神の教《みをしへ》のままに、其の祠《いはひ》を伊勢国に立てたまふ。因りて斎宮を五十鈴の川上に興《た》つ。是《これ》を磯宮《いそのみや》と謂《い》ふ。

ここにつかわれている斎宮の文字も、本来のことばの意味にひきもどして考えてみなければなりません。この文章だと、祠《ほこら》がそのまま斎宮《いつきのみや》のことであるようにもうけとれますが、もともと祠と斎宮とは異質な別箇なものなのです。五十鈴の川上で土豪が天からくだってくるカミをまつるためには当然、ゆかわだな、つまり棚機つ女のすむ特設住居が用意されていたはずです。それが本来的には、斎宮に相当すべきものです。のちに文武二年以後、皇大神宮が完成して、皇女が斎王となって五十鈴の川上の皇大神宮に参詣したときには、やはりカミがかりのための特設住居＝斎館にはいったはずです。それが意義のうえでは斎宮に該当すべき性質の建物です。

斎宮とはカミのすまいでなく、カミ妻たる巫女のすまいなのです。だから、柿本人麻呂のつくった歌に、伊勢神宮とも皇大神宮ともいわずに斎宮といっているわけは、つぎのとおりだとみなさなければなりますまい。伊勢神宮の前身である、そのころのイセの大神をまつる状態を想像してみましょう。目に顕著にみえる特別な施設としては、斎宮の建物しかありません。そのため、イセの大神を〝度会の斎宮〟と表現するよりほかに方法はなかったのです。

しかも柿本人麻呂がこの歌をつくったころまでは、イセの大神のまつりの中心は宮川であって、五十鈴川ではなかったと思われます。天武のころの斎王大来《おおく》皇女のふだんのすまい（斎宮）がそのころどこにあったか、たしかにはわかりませんが、彼女が定期的に川のカミまつりをした場所、つまり川のなかにはいってカミの〝みあれ〟をたすけたおもな祭場は、たぶん宮川の河口に近い川ぶちで、いまでいえば小《お》俣《ばた》町からあまり遠くないあたりであったろうとわたくしは思います。ここに後世、離宮院《りきゅういん》がたてられて、斎王は皇大神宮へ参拝するときには、かならず離宮院に宿泊して宮川の流れの中でみそぎをしました。京都から伊勢神宮へつかわされる勅使がみそぎ祓《はら》いをする場所も、この宮川の渡し場でした。このような習慣がつづけられたのは、大来皇女の湯河板挙＝斎宮が、この離宮院の場所からあまりに離れていないところにあったなごりなのではあるまいかと、わたくしには推測されるのです。宮川の名は斎宮《いつきのみや》川

—という呼び名からおこっています。

書きもののうえではっきりわかる八世紀以後の古代において、たくさん伊勢に派遣されていた斎王たちは、内宮のそばに常住していたのではありませんでした。そこからはるかはなれた櫛田川の分流の、祓川のほとりの台地の上に斎宮《いつきのみや》《(さいぐう)》をいとなんで住んでいたのです。その場所は、外宮から西北へ二里半、内宮からは三里半もはなれていました。このような状態ですから、「度会にある斎宮」とは宇治の皇大神宮をそのまま意味しているものということは、断じてできないのです。

斎王は、意外なほどに内宮に密着してはいませんでした。この事実は重大です。皇大神宮に朝夕、その宮域の中で毎日宿泊して仕えていた巫女は、実は天皇家の斎王ではなくて、南伊勢地方の土豪の荒木田氏や、宇治土公《うじのつちぎみ》《(とこ)》や、磯部らの娘であったのです。わたくしどもは、その意義を、やがて検討してみなければなりません。

天皇家から派遣されたイセ斎王は、実は土地の豪族からみるならばお客さんにすぎなかったのです。イセの大神にとっても、斎王は遠来の客にすぎなかったのでした。

イセの大神の土地つきのカミ妻は、天皇家から派遣された人以外にいたのでした。

—古くから荒木田氏にも、度会氏にもいたのでした。

主のいない社

七世紀の終わりに、プレ＝皇大神宮を表現するのに斎宮といっているのが問題だ、ということをわたくしは指摘しましたが、まだほかにも問題にしなければならないものがあります。それは、プレ＝皇大神宮をいいあらわすのに、〝祠《やしろ》〟という文字を使っている点です。

天武天皇が没したその年（六八六年）、皇后持統は大津皇子を殺し、姉の大来皇女の職を解任しました。十一月、「伊勢の神祠《かみのやしろ》に奉《つかへ》まつる皇女、還りて京師《みやこ》に至る」と『日本書紀』はしるしていますが、これはまことに潤色のない記事だと察せられます。この祠という文字からは、だれとても、とうていいまの皇大神宮を連想することはできないでしょう。これを理解するのには、神社とよばれているのに社殿も神体ももたなかった滝祭社や風神社や伊加津知神社のことを思いだせば十分だと思います。『儀式帳』を調べてみますと、伊勢神宮に所属している神社の中には、神体がない（形無《みかたなし》）とされているものがたいへんにたくさんあります。有名な観光地の二見《ふたみ》の浦のすぐそばに、江《え》というむらがあります。ここには皇大神宮の摂社の江《え》神社がありますが、これは「形《みかた》、水《みず》に坐《ま》します」と書かれています。つまり、神体は五十鈴川の川の流れだ、というのです。五十鈴川の河口の岸にあるこの神社は、河口であると同時に海にのぞんだ場所ですから、神体は海の水だ、というわけでもありました。『儀式帳』の書かれた時代は、平安時代のはじめの延暦二十三年（八〇四）ですが、そのころでも神社の実態はこういうものなのですから、それより古い七世紀に使われている祠という文字には、目をそむけることなく、赤裸々にみつめておかなければならないでしょう。祠には、カミをまつる小さな社《やしろ》という気持があるのです。そして社には、カミまつりの祭場という本来の意味があるのです。

祠という文字によって表現される皇大神宮の前身を、わたくしどもがイメージに描く場合には、あまり大きくない樹叢か、河原のような場所などを発想すれば当たっていると思います。

『日本書紀』の推古天皇の条には、「あつく神祇を礼《ゐやま》ひ、あまねく山川を祠《まつ》りて、幽《はる》かに乾坤《あめつち》に通はす」という記事がありますが、これはそのころのカミまつりの実態を正確に表現した文章です。祠という文字が、ここでは動詞に使用され、まつる対象が山川となっています。祠が、山川そのものであったことを示しているのです。

陣痛と出産

アマテラスと皇大神宮の誕生の時期をあきらかにするために、いままでにいくつかの史料を配列してみました。このあたりで、その史料をいちおう整理してながめてみることにしましょう。

①天武二年（六七三。壬申の乱の翌年）、大来皇女がはじめての斎王となった。この翌年、天皇家と、地方神たるイセの大神とが、伊勢の現地において、はじめてつながりをもった。（『扶桑略記』『日本書紀』）

②天武の没した年（六八六）、プレ＝皇大神宮は〝イセの神祠《かみのやしろ》〟とよばれていた。（『日本書紀』）

③持統三年（六八九）、プレ＝アマテラスオオカミを、〝天照《あまてら》す、日女尊《ひるめのみこと》（一に云う、さしのぼる日女の命）〟とよんだ。（草壁皇子の挽歌。『万葉集』）

④持統六年（六九二。伊勢・志摩行幸の年）、イセの大神は地方神で独立国であった。（『日本書紀』）

⑤持統六年、持統は伊勢にいっても伊勢参宮をしなかった。（『日本書紀』）

⑥持統六年、プレ＝皇大神宮は〝イセの大神〟とよばれた。(『日本書紀』)
⑦持統六年、プレ＝皇大神宮は〝イセの社《やしろ》〟とよばれた。(『日本書紀』)
⑧持統十年(六九六)、プレ＝皇大神宮は、〝ワタライの斎宮《いわいのみや》〟とよばれた。(高市皇子の挽歌。『万葉集』)

右のようにならべてみた史料を、こんどは事項ごとに分類してみると、

Ⓐ天武二年(六七三)にイセの大神は天皇と握手し、——①
Ⓑ持統三年(六八九)にはアマテラスは未完成で、——③
Ⓒ持統六年(六九二)イセの大神はまだ姿のないカミであり、——④⑤⑥
Ⓓ持統十年(〔～六八六～六九二～〕六九六)プレ＝皇大神宮はまだ小さな森にすぎなかった。——②⑦⑧

ということになります。つまり、持統三年にはアマテラスは未完成であり、天武の没した年から持統十年のころには、まだ皇大神宮は成立していなかったといえるのです。そこでアマテラスの誕生の年次をしぼってゆきますと、持統三年以後、文武二年

までの十年ばかりのあいだということになります。

なぜなら、文武二年十二月に多気大神宮を度会郡に移したときが皇大神宮の誕生のときですから、このときにはアマテラスはすでに誕生していたとみなければなりません。ことに、多気大神宮はもうアマテラスをまつっていたかもしれませんが、それが文武二年以前のいつに創立されていたのか、その年が確定できませんので、やむをえず、文武二年以前の十年間といっておくよりほかしかたがありません。

皇大神宮の誕生

持統六年には、プレ＝皇大神宮はまだあきらかに地方神あつかいをされていました。さきにあげておいた『日本書紀』の史料が示しているように、イセの大神・イセの社は、奈良県の大和（大倭）神社や、九州の住吉や、和歌山県の日前・国懸神宮というような地方豪族の〝氏のカミ〟と同格のとりあつかいしかうけていないのですから、とうてい、イセの大神だけを天皇家の祖先神とみなすわけにはいきません。けれども、文武二年十二月以後は、事情が一変しています。いままでとちがって『続日本紀』には、伊勢神宮を、はっきりと他の神社とはちがった特別の祖廟であると意識して書かれています。

伊勢大神宮及び諸社……（文武三年〔六九九〕）
伊勢大神宮及び七道の諸社……（慶雲三年〔七〇六〕）
伊勢神宮、大神社《おおみわ》、筑紫の住吉・八幡二社及び香椎宮《かしい》……（天平九年〔七三七〕）

などとみえるようになります。この書き方と、持統六年の書き方との大きなちがいを見くらべてみたならば、七世紀のぎりぎり終わりのころまで、皇大神宮ができあがっていなかったという事実はだれもが実感的に承認せざるをえないでしょう。

ところで、皇大神宮成立は文武二年十二月ですけれども、宇治における皇大神宮の確立の以前に、すでに皇大神宮に似たものとして多気大神宮があったわけです。この多気大神宮は、その名の示すように多分に皇大神宮的です。おそらく多気大神宮は、天皇家の〝氏のカミ〟または〝祖先神〟の意識をもってまつられていたのでしょう。宮川の川上の多気の山峡《やまかい》に、多気大神宮が天皇家によって設立された年代は正確にあきらかにする術《すべ》はありませんが、年代の上限と下限とはつぎのように切ることができるでしょう。

持統六年にはまだできていなかったことはたしかであるし、持統十年にもその存在は疑わしい――多気大神宮がすでにできていたら、〝ワタライの斎宮〟という表現とは矛盾する――と思います。そこで多気大神宮の成立の時期は持統六年、同十年以後、文武二年十二月以前ということになります。

大神宮とか神宮という呼び方で、滝原にあったこの皇大神宮の前身がよばれているのはたしかなのですから、この大神宮の施設は天皇家によって特に設備されたものと思われます。実際、宮川の奥地にある広大な、いまの滝原宮の森林をながめると、「これはたしかに、天皇家によって計画的に設営されたものにちがいない」という感じを深くします。そこでは、いまでもそうであるように、たぶん当時も、カミのすまいである建造物は、ほとんどあるかなきかのささやかなものであったろうとわたくしは推測しますが、あの山奥に広大なカミの森をいとなむ実力は、とても地方豪族だけのものではなかったと思います。

いまの内宮や外宮の境域に匹敵するほどのひろびろとした、四十三町八反におよぶ平坦地を、山峡の、山と川のあいだに選んでカミの森をいとなんだものは、まさに大和朝廷の勢力でした。この森が多気大神宮とよばれるようになったその時期は、その大神宮が宇治に、皇大神宮となって引越してゆく文武二年よりも、せいぜい数年まえぐらいのときであったろうと思われます。――いかに古くても、持統六年よりもさか

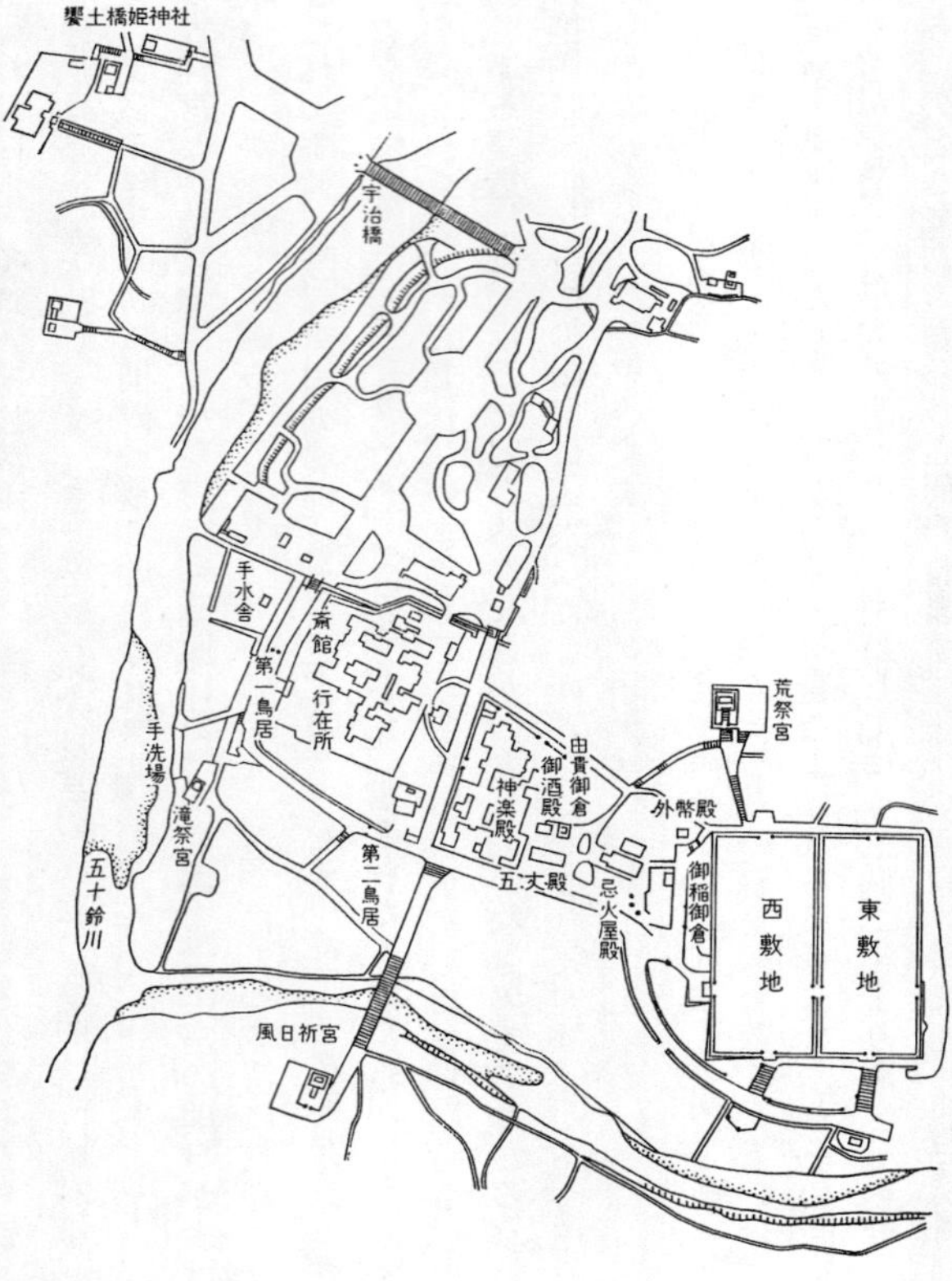
饗土橋姫神社
宇治橋
手水舎
斎館
行在所
第一鳥居
手洗場
滝祭宮
五十鈴川
由貴御倉
御酒殿
神楽殿
荒祭宮
外幣殿
第二鳥居
五丈殿
忌火屋殿
御稲御倉
西敷地
東敷地
風日祈宮

皇大神宮（内宮）宮域図

のぼることはとうていできません。

ここで皇大神宮の成立のプロセスを要約してみましょう。

①皇大神宮の成立は文武二年（六九八）十二月である。

②皇大神宮の前身で、それに近い性格をもっていた多気大神宮（滝原神宮）の存在は、それ以前の数年間。

③それより前は、名山大川《めいざんたいせん》に〝みあれ〟する、姿なき〝イセの大神〟だった。

これが皇大神宮の誕生までの実態です。

7 八咫の鏡

八咫の鏡はもともと普通名詞にすぎません。八咫の鏡は、はじめ宇治でツキサカキにかけて礼拝されたが、その木（柱）の上に、カミの常住する建物をたてたので、鏡はとりはずされて、ついにその中に納められました。

カミのよりつくもの

このあたりで話題を変えて、皇大神宮の神体である八咫《やた》の鏡《かがみ》について論じてみたいと思います。はじめに、神社における神体の一般について述べましょう。

カミのよりつくものは、古いむかしは、石や木や水、およびそれらの存在する、山や平地林や川であるとみなされていました。

――「神山《かみやま》　此の山に石神在《いま》す。かれ、神山となづく」（『播磨国風土記』）とあったり、大和の三輪山《みわやま》の樹林を蝦夷《えみし》が切ったので、この蝦夷を瀬戸内海地方へ移住させた（『日本書紀』）ように、カミの山では石や木（林）がカミのよりつくものとして神聖視されていました。

平安時代初期の『延喜式神名帳』をみれば、そのころになっても、全国的にそういう自然物そのものが神社であった状態はすぐわかります。たとえば、石が神社であった賀美石《かみいし》神社・石座《いわくら》神社、木が神社であった御木《みき》・荒木《あらき》神社、水や川が神社であった水《みず》・水主《みぬし(みずし)》・荒川《あらかわ》・多伎《たき》・御井《みい》神社、山が神社であった神山《かみやま》・片山《かたやま》神社、森が神社であった杜本《もりもと》神社など、神体である自然物にかたどった名の神社がたいへん多いのです。

はじめ自然物によりついていたカミは、つぎには鏡や剣のような、人間の工作したものによりつくようになりました。そして、それらの工作物が神体として、建物の中におさめられ、おがまれるようになったのです。

神社がいまのように、カミの住む社殿をもつようになったのはたいへんにあたらしいことです。おそらくは七世紀の終わりごろからなのではないでしょうか。皇大神宮は、そのもっとも早い例の一つです。神社が社殿をもつようになるのは、仏教の寺院建築の影響であろうと思われます。寺院が七世紀にぞくぞくとりっぱな堂塔を建立して、仏像をおいていつもおがんでいるので、その刺激をうけ、神社でもまねるようになったのでしょう。カミのすまいができると、カミは一年に一度、あるいは数回、定期的におとずれては去るといういままでのしきたりをやめて、カミのすまいにいつでも住んでいるようになりました。

八咫の鏡をまつるまで

皇大神宮の神体は、鏡であるといわれています。その固有名詞を八咫の鏡といいます。皇大神宮が神殿の中に鏡をおいてまつるようになるまでには、宇治の地の、皇大神宮成立の母胎となった信仰の中で、カミのよりつくもの（依代《よりしろ》）はなんべんか変化しているのです。

最初は木によりついていました。鼓ケ岳の木だったのです。また、水によりついていました。五十鈴川の水だったのです。つぎに、この木の枝をはらって柱にしました。

――京都の賀茂社の御蔭木《みあれぎ》は下枝だけを切り落して上枝を残しているそうですから、これは自然木と柱の中間形態というべきでしょう。山から切り出した完全な柱をたてる一例は、長野県の諏訪大社にもあります。

柱にカミがよりついていると信じて、地面にこの柱をうちたてておがみました。それから、この木または柱に鏡をかけて、この鏡にカミがよりついていると信じました。仏教の影響で神殿をつくるようになると、床を高くしてこの柱の上に神殿を建て、床下の柱から鏡をとりはずして神殿の中におきました。これが、皇大神宮に八咫の鏡がまつられるまでの神体の移りかわりです。

その解説をしましょう。プレ＝皇大神宮のカミは、宇治におけるツキサカキのカミです。常緑樹によりついたカミだったのです。しかも、その木は神体山である鼓ケ岳から採りだした木でした。この木は、五十鈴の河原にはこばれて、カミは川の水によりつき、滝祭りをうけました。さて、この木の枝をはらって柱にし、地面におしたてたのが、さきにも述べましたように〝心《しん》の御柱《みはしら》〟だったのです。心の御柱は、かならず神体山たる鼓ケ岳の山中から採るのですから、心の御柱が天つカミのツキサカキであり、みあれ木であったことはたしかです。そのとりあつかいの神秘性が、それを証明します。

このツキサカキまたは心の御柱に鏡がかけられました。その状態を示す記事が、

『古事記』『日本書紀』にあります。それが天《あま》の岩戸《いわと》の神話です。そこでは、太陽の霊魂であるアマテラスの再生をいのるために、サカキをおしたて、太陽のシンボルである鏡をその枝にかけています。これが八咫の鏡です。カミのよりつくものが、木から鏡にかわってゆきつつあるのです。この天の岩戸神話が、もともと宇治の土地の村びとの神話であったことは後に説明をします。この鏡をかけた木こそツキサカキだったのです。

このようにして木（柱）に鏡が加えられ、やがてその柱の上に神殿がつくられました。そして、ついに柱の鏡をはずして神殿の中におさめられるのは当然のなりゆきです。皇大神宮の、むかしから変化をかさねたカミのよりつくものは、鼓ケ岳のカミの木からはじまって、いまの鏡にいたるまで、すこしもそこなわれずにそのなごりがぜんぶ残されているのです。おまけに川祭りまでちゃんと残っているのです。皇大神宮の信仰の観念には、五十鈴川の水流を尊いと思う気持がむかしからいまにいたるまでしっかりつたわって残っています。河水を、カミのよりつくものとみなした気持は、むかしはもちろん、いまにいたるまで濃厚に続いています。

信仰の世界では、古いものはとても簡単にはすてきれないのです。皇大神宮は、はじめから壮大な神殿をもったり、最初からその神殿の中で神をまつっていたものでは

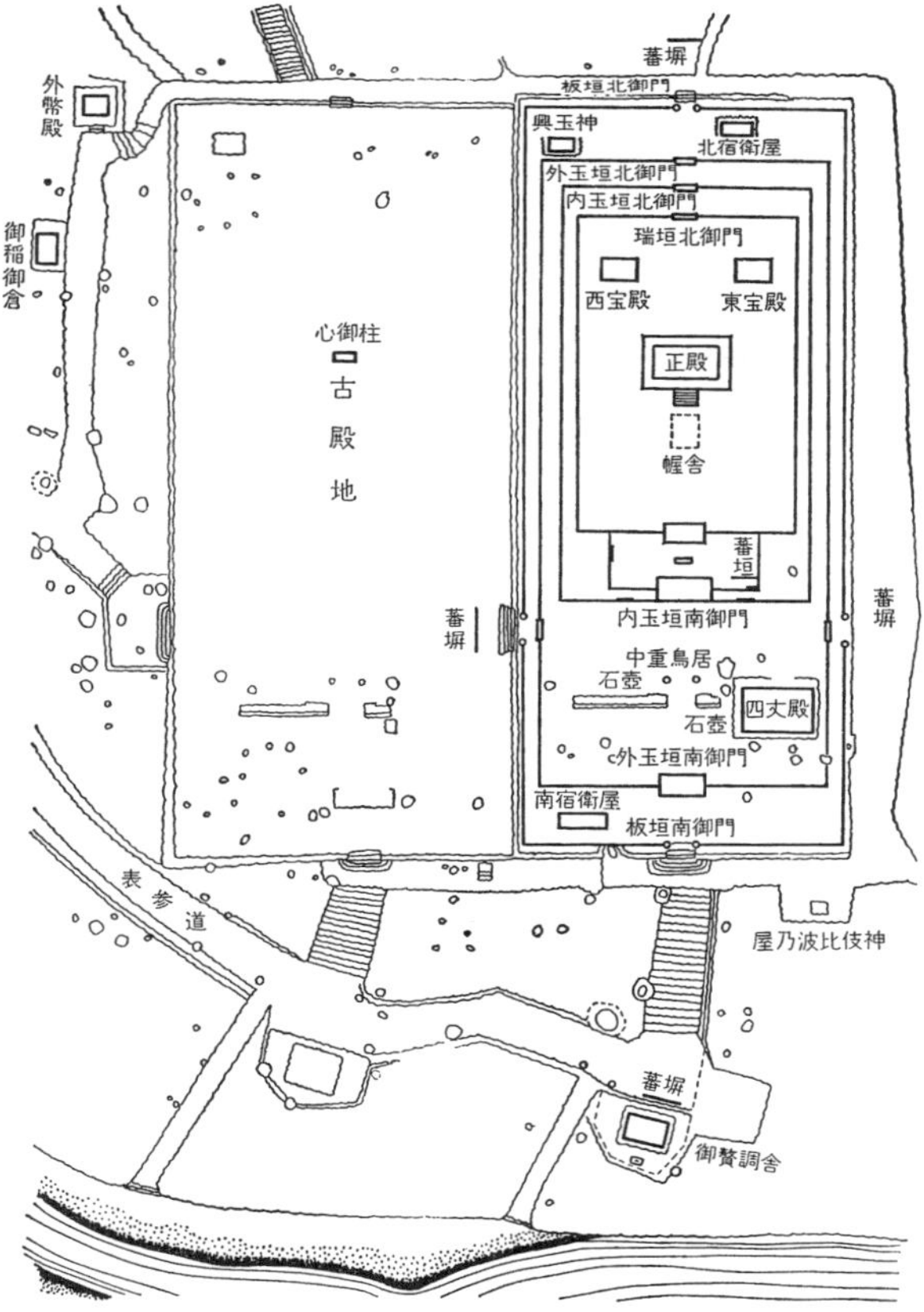

皇大神宮（内宮）社殿配置図

けっしてなかったのでした。

神体のいろいろ

皇大神宮の神体の移りかわりは、いままで述べました史料によってもう説明できたことなのですが、さらにそれを裏づける工夫があります。それは、内宮・外宮のほかに百二十三社あるという伊勢神宮の神社群の神体をひろくながめわたして比較検討してみることです。神体についてのさまざまな史料をかさねあわせてみますと、おしなべて神体というものが変化し発展したプロセスがよくわかります。その変化の順序が、皇大神宮の神体の変化する順序とぴったり一致するのです。民俗学の方法論である重出立証法のやりかたで、伊勢神宮の神体のむれをかさねあわせて吟味してみることにしましょう。よりどころにした文献は八、九世紀の編集である『古事記』、『日本書紀』と『儀式帳』です（ただし×印だけは後世に加えた施設です）。

次ページの図表をながめて気のつくことは、つぎの諸点でしょう。

①自然物だけの神社はあります。しかし、神殿だけあって神体のない神社はありません。『儀式帳』に形無《みかたなし》とある神社は、江《え》神社のように、実は神体が水とか川で

あるとみなされる場合が多いのです。したがって、神殿がつくられるのは、神社の発展の最終段階とみなされます。

		カミのよりつくもの					カミの常住する神殿	事例
		自然物				工作品		
		水	草	木	石	鏡		
A	自然物	○			×			滝祭《たきまつり》神社（皇大神宮宮域）
			○					幡荻穂《はたすすきほ》に出《いで》しカミ（伊雑《いざわ》宮の前身）
				○				撞賢木《つきさかき》のカミ（皇大神宮の前身）
								桜大刀自《さくらおおとじ》のカミ（朝熊神社）
					○			加努弥《かぬみ》神社
B	自然物＋工作品			○		○		天の岩戸神話のサカキと八咫の鏡
					○	○	×	鏡宮（岩上二面神鏡）
C	自然物＋神殿	○					○	江神社
				○			○	ミヤタモリさん（朽羅《くちら》神社）・毛理《もり》神社
					○		○	『儀式帳』にもっとも多い例である。
D	自然物＋工作品＋神殿	○		○	○	○	○	八咫の鏡（皇大神宮）

神体変遷表

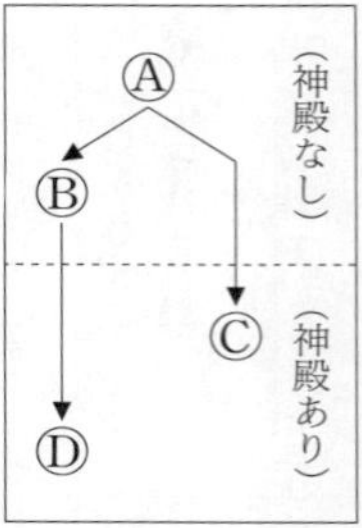

②自然物に工作品を重ねあわせただけの神社というのがあります。朝熊《あさま》の鏡宮《かがみのみや》は内宮の末社ですが、五十鈴川と朝熊川の合流点の川なかにある、神聖な岩の上に、二枚の鏡をおいただけという、めずらしい神社でした（そして、その後この神社は、岩のそばの川ぶちに建物をつくってもらって、鏡はその中におさめられました。そして、川なかの神聖な岩は、木柵をめぐらしていまも保存されています）。

③自然物に工作品を重ねた神体の中で、工作品に信仰目標としての比重をうつしていって、ついに工作品を神体として神殿の中にまつりこめたケースがあります。皇大神宮や鏡宮がそれです。このケースは、神体のもっとも素朴な段階からスタートして、ついに発展の最終段階にまで到達したものとみなさざるをえません。なぜなら、それは古いものを残しつつ、あたらしいものを加上《かじょう》していっているからです。

外宮の豊受神宮も、内宮の皇大神宮も、その本殿の下に柱を埋めています。ことに皇大神宮の場合は、滝祭りのカミが本宮と別ならず、一つものだという江戸時代の神宮学者の証言を勘案すると、水＋木＋鏡というふうに神体を重ねあわせたことになり、そのうえに神殿を加上したものと断ぜざるをえません。
④神体の発展の段階は、総合して右の図表のように要約されます。

八咫の鏡と八坂瓊曲玉

八咫の鏡は、固有名詞であります。それは、はじめ高天原《たかまのはら》の天の岩戸の前で、アマテラスの再生を願うカミガミが、根こじにした賢木《さかき》にかけた鏡ですが、後にアマテラスがその孫のニニギノミコトを地上にくだして日本の支配者にしたとき、ニニギに与えた記念の鏡でした。

アマテラスは、ニニギにこの鏡を与えるとき、「此の鏡は、専《もは》ら我が御魂《みたま》として、吾が前を拝く《いつ》が如《ごと》、伊都岐奉れ《いつきまつれ》」といいました。これが神話の中の八咫の鏡です。そして、この鏡が後に大和の天皇家の宮殿から外に出されて、宇治にまつられたのだ、と『日本書紀』は述べています。

このようにして、皇大神宮の神体となった八咫の鏡は、どうしてもただ一つだけの物体の固有の名ですけれども、しかし八咫の鏡という呼び名は、本当は固有名詞ではなくて普通名詞なのです。それというのは、ほかにも八咫の鏡の名でよばれる鏡が、古典の中にあるからです。

『筑前国風土記』逸文によれば、宗像《むなかた》大社の辺津《へつ》宮の神体は、八咫の鏡とよばれました。また、八咫の鏡を船上にうちたてたサカキにかけて、天皇家に投降した土豪のあったことも古典にみえています。

八咫の鏡の名義についていえば、八は神事に関係してつかわれる神聖な数字であり、咫《あた》は古代における長さの単位で、親指と中指とをひろげた長さ、などといわれています。ですから、八咫とは、いちおう鏡の大きさを表現しているいいかたなのです。けれども、もともと八という数字が、この場合、たんにめでたい数字にすぎなくて、かならずしも一を八倍した数字を厳密に意味しているわけではありませんから、八咫の鏡とは、大きさを表現しながらも、実は表現していない普通名詞といわなければなりません。要するに、カミのよりつく鏡というぐらいの意味です。

八坂瓊曲玉《やさかにのまがたま》は、八咫の鏡・草薙《くさなぎ》の剣《つるぎ》とともに、三種の神器《じんき》とよばれる天皇家の宝物ですが、これとても元来は普通名詞であって、固有名詞とはみなしがたいのです。なぜなら、八坂瓊曲玉は、神話によれば、一度アマテラスが口にふくんでかみくだき、霧のようにふきすてています。この霧の中からアマテラスの嫡子のアメノオシホミミが生まれました。しかるに、アメノオシホミミの子のニニギが日本の地上に降臨するとき、かみくだかれた玉とおなじ名の八坂瓊曲玉を、宝物としてアマテラスはもういちどニニギに与えています。これでは、この名は固有名詞とはいえません。しかも、古典にはこのほかにもおなじ名の玉がでてきます。

　このようなわけで、実は、八坂瓊曲玉にしても八咫の鏡にしても、それはもともと普通名詞であって、固有名詞ではなかったのでした。

アマテル

　この二つの宝物の名が、もともと普通名詞なのに、ついに固有名詞にされてしまったのは、ちょうど〝大師は弘法に奪われ〟〝黄門は光圀にとられ〟たのと似ています。それは、もともと普通名詞みたいな神名であった天照《あまてらす》《（あまてる）》オオカミが、天皇家の祖先のカミたる固有名詞に固定されていった事情ともよく似ているのです。『延喜式』によれば、アマテルは、むかしから日本の各地でまつられていました。

①阿麻氏留《あまてる》神社（対馬）
②粒《いいぼ》坐《にます》 天照《あまてる》神社（播磨）

③天照玉命《あまてるみたまのみこと》神社（丹波）
④天照大神高座《たかくら》神社（河内）
⑤鏡作坐天照御《かがみつくりにますあまてるみ》魂《たま》神社（大和）
⑥他田坐天照御《おさだにますあまてるみ》魂《たま》神社（大和）
⑦木嶋坐天照御《きじまにますあまてるみ》魂《たま》神社（山城）
⑧新屋坐天照御《にいやにますあまてるみ》魂《たま》神社（摂津）

などの神社がありました。

ここにみられる対馬・播磨のアマテルや、河内の天照が、アマテルタマやアマテルミタマとすべて同一で、ともどもに太陽の霊魂を意味していることは容易に了解できるだろうと思います。

対馬のアマテルは、『日本書紀』の顕宗天皇の条によれば、日神としるされています。そして、この日神は、月神と対照的に用いられています。

河内の天照は、高座《たかくら》のカミですから、おそらく山そのもの、または巌石をあがめていた神社で、そのような神社の天照は、いわばアマテルのミタマ（太陽のスピリット）をオオカミと表現したものにすぎず、自然神としての日神をまつるものにほかならなかったと判断してもよいと思われます。

そして、これらの神社の中にはすでに滅んで祭神名のわからないものもありますが、①②③⑤⑧の神社はいまにいたるまではっきりと天火明命《あめのほあかり》をまつっていて、けっして天皇家の祖先のカミたるアマテラスオオカミをまつっていないのですから、結局、アマテラスオオカミには、その神名ができあがる以前に、太陽の霊魂を意味していて、それは日本の各地で村ごとに随意に使用されていた段階がある、と断じなければなりません。

これらのほかに、『延喜式』に筑後の伊勢天照御《み》祖《おや》神社というのがみえていますが、これも天火明命をまつり、その社名の伊勢は伊勢国の伊勢ではなくて、石《いそ》の転訛したものだと唱えています。久留米市大石町にあります。

前にも述べたように、壬申の乱のとき、天武天皇が北伊勢で拝礼したアマテラスオオカミとは、このようなたんなる太陽のスピリットの段階の、いわばアマテルタマの段階の天照オオカミにすぎなかったのでした。

天火明命が、『古事記』や『日本書紀』において、ニニギの兄とか子とかにされている事情を考えてみると、日本神話の形成されるときに、アマテラスの誕生以前の、比較的早いある段階では、天火明命が天皇家の〝氏のカミ〟(守護神)的な地位に一時あったことがあり、その上に〝氏ガミ〟(祖先神)としてアマテラスが加上されていったためなのだと想定されるではありませんか。

天火明命というような、人格神としてのカミの名は、おそらく七世紀も終わりに近いころ使われはじめたものでしょう。それ以前は、ただアマテル・アマテルタマ・アマテルミタマなどとよんでおけばよかったはずです。宗教史的にみて、人格神が日本にあらわれてくるのは、きわめてあたらしい時代のことなのです。

そのような天火明命の神格の中からアマテラスオオカミがひとりぬけだして発生し、宮廷神として成長せしめられたわけです。そういうことになると、アマテラスオオカミの誕生がほんとうにあたらしい年代のできごとであることがうなずけます。

大和に、天火明命をまつるアマテルの神社はいくつかあるのに、天皇家の祖神アマテラスオオカミをまつる神社がいっこうにないという単純な事実に、素朴な驚きと疑

——いの目はむけられなければなりません。

さて、プレ＝皇大神宮の段階では、普通名詞にすぎなかった八咫の鏡は、固有名詞に転化して、皇大神宮の神殿奥ふかくおさめられたのでした。ちょうど、普遍性のある普通名詞みたいなアマテラスが、完全な固有名詞のアマテラスに転化せしめられるのに照応しながら——。

8　太陽の妻

皇女は太陽の妻にさしだされていました。『日本書紀』にあらわれてくる六世紀の斎王たちは、大和にいた太陽の妻です。伊勢にはきていませんでした。ヤマトヒメやヤマトタケルは架空の人物で、もともと伊勢には彼らの伝承はなかったのです。

日紀の皇女

『日本書紀』をみると、五世紀に一度、六世紀に数回、天皇の令嬢が伊勢神宮の斎王に任命されていたことになっています。けれども、それらは実はみな信じられない記事であることを論証しておこうと思います。

雄略天皇のときの稚足姫《わかたらし》(栲幡姫《たくはたひめ》)、継体天皇のときの荳角皇女《ささけ》、欽明天皇のときの磐隈皇女《いわくま》、敏達天皇のときの菟道皇女《うじ》らは、イセの大神の祠(イセの大神・イセの祠)に仕えたとしるされています。また、用明天皇のとき、酢香手姫《すかてひめ》は「伊勢神宮に拝《め》して、日神《ひのかみ》に奉《つかまつ》らしむ」とみえ、さらにつぎのように注記されています。――この皇女はこの天皇の時から推古天皇の世まで（三代にわたって三十七年の間）、日神《ひのかみ》の祀《まつり》に奉《つかまつ》りて、そのあと隠退してなくなった、と。

さて、わたくしどもはこれらの斎王であった皇女が、はたしてイセの大神の斎王であったかどうかを吟味してみなければなりません。結論をさきに申しましょう。これらの皇女は、伊勢に住んでいたとは考えられません。したがって、イセの大神の斎王ではなかったのです。これらの人はたぶん実在していたでしょう。しかし、彼女らは、大和に住んでいました。そして、大和の他田《おさだ》に日祀部《ひまつりべ》がおかれた敏達天皇の六年（五七七）前後のころに、大和で日祀《ひまつり》を行なっていた天皇家の巫女であった、とみな

年代	天皇	斎王皇女	備考
六世紀	継体	荳角	大和における日祀の皇女
	安閑・宣化・欽明	磐隈	
	敏達・用明・崇峻・推古	菟道・酢香手	
七世紀前半	舒明・皇極・孝徳・斉明・天智		
七世紀後半	天武	大来	イセの大神の斎王
	持統		
八世紀	文武	タキ	皇大神宮の斎王

斎王一覧

さなければならないのです。

そのころはまだ、天皇家の祖先のカミとしてのアマテラスはできていませんでした。しかし、天皇家はその氏の守護神として、太陽の精霊をまつっていました。天皇家のトーテムである太陽、つまりアマテルタマ＝アマテル御神をまつっていたのが、これらの女性であったのです。

空白の五十年

イセの大神に仕える斎王になった最初の人は、たびたび繰りかえしていいますが、天武天皇のときの大来《おおく》皇女です。皇女は、たしかに伊勢に住んでいました。しかし、この大来皇女と、その前の酢香手姫とのあいだの約五十年間には、斎王が任命された形跡がありません。つまり、七世紀の前半という時期の、おおよそ半世紀のあいだ、天皇家は、斎王をイセの大神にさしだしていないのです。

それは、偶然、天皇家が皇女をさしだすのを怠ったというのには、あまりにも長い期間でありすぎます。しかも、天皇家にとって、のるかそるかの重大な時期である大化の改新の前後に、そのブランクの五十年間があたっているのです。

壬申の乱以前の半世紀という長いあいだ、斎王がおかれなかったというのは、まだそのころには斎王をイセの大神にさしだすという習慣がなかったからだ、と判断しないわけにはいかないでしょう。すなわち、天武天皇のときに、はじめて大来皇女を斎王に任命したという『扶桑略記』の記事が、なるほどとうなずかれるのです。

その後、天武天皇が没すると、その年（六八六年）のうちに初代の斎王大来皇女は解任されて大和へ帰り、天武天皇につづく持統天皇の治世には、ついに斎王は任命派遣されませんでした。なぜ、持統天皇は斎王をきめなかったのでしょうか。――これこそ、持統天皇のころに、まだ皇祖廟としての皇大神宮ができていなかった一つの証拠です。

天武天皇は、合戦のねがいの報謝に、皇女を雷神であるイセの大神に捧げる必要もありましたが、持統天皇にはそういう約束はなかったのでしょうか。持統天皇のあとをうけた文武天皇の、即位の翌年（六九八年）九月には、タキ皇女が斎王に任命されて伊勢に赴任しました。そして、同じその年の十二月、多気大神宮は宇治に遷されて、いまの皇大神宮として確立されたのです。

つぎに、『日本書紀』にみえる五、六世紀のイセ斎王たちについて、それが実はイセの斎王ではなかったことを、ひとりひとり証拠だててみようと思います。

酢香手姫

用明天皇の令嬢の酢香手姫は、『日本書紀』の本文には、「伊勢神宮に拝《め》して、日神《ひのかみ》に奉《つかまつ》らしむ」とあります。その文章の中で、伊勢神宮と日神とをならべて、まつる目的物としてあげています。けれども、注のほうの文には、日神という文字が二回でてきながらも、伊勢神宮という文字は一度もしるされていません。これは、『日本書紀』のもとになった書物に、日神とだけ書かれていた証拠ではないでしょうか。「或本《ふみ》に云く、卅七年の間、日神の祀《まつり》に奉《つかまつ》りて、自ら退《まか》りて薨《みう》せましぬ」という注の文章の中には、伊勢神宮ともイセの大神ともいっていないのですから、この酢香手姫は、大和にいて、たぶん天皇のすまいにあまり遠くないところに湯河板挙《ゆかわだな》（斎宮・野宮）を特設して日神をまつっていたのでしょう。「是の皇女は此の天皇（用明）の時より炊屋姫《かしきやひめ》天皇（推古）の世《みよ》に逮《およ》ぶまで、日神の祀《まつり》に奉《つかまつ》り、自ら葛城に退《まか》りて薨《みう》せましぬ」という注の文章と書紀の本文とを比べて観察しますと、これはどうしても『日本書紀』の編集のとき、本文に「伊勢神宮に拝《め》して」という一句を、わざとつけ加えたのだ、と断ぜざるをえません。注の文章こそ、改竄《かいざん》されない、古い記録を正確に伝えている可能性があるからです。

もし酢香手姫が、ほんとうに伊勢に行っていて、年をとってから引退したというのなら、隠棲の場所を、いきなり「葛城《かずらき》」と書くのは不自然です。当然、「大和へ帰った」というような文になるべきでしょう。あるいは「大和へ帰って葛城に隠棲した」というような文にならなければなりません。大和をぬきにして伊勢から葛城に引退するという文脈は、不自然でとても考えられません。

酢香手姫は、伊勢にいたのではなくて、用明天皇のすまいのある大和の磐余《いわれ》か、他《お》田《さ》日《だ》祀部のおかれた他田かの、どちらかに野宮《ののみや》をつくって住んでいたにちがいありません。

菟道皇女

『日本書紀』の敏達天皇七年の条に、「菟道《うぢ》皇女を以て伊勢の祠に侍らしむ。即ち池《いけ》辺《べ》皇子に奸《おか》されぬ。事顕《あら》はれて解けぬ」とあります。

菟道皇女が、聖なるカミ妻たる斎王となったのに、池辺皇子に犯されたので解任された、というのです。いまでも伊勢には皇族は住んでいません。皇族男子が伊勢に住んでいたことは、歴史はじまって以来、一度もないのです。明治以後、男性の皇族が、伊勢神宮の祭主に任命されたことはありますけれども、これとても伊勢に常住していたわけではありません。

斎王が皇族男子に密通するという事件は、斎王が伊勢に住んでいるかぎり、おこるはずがないのです。これは、斎王が大和に住んでいた証拠でしょう。大和にいたら、多数の皇族男子とのあいだに交渉がないわけにはいきますまい。また、伊勢の祠という表現も、ずいぶん変ではありませんか。

菟道皇女こそ、『日本書紀』の敏達天皇六年の条に、「詔して日祀部《ひまつりべ》を置く」とみえる、その日祀部を支配下において、敏達天皇のすまいのあった他田にいて、日祀をしていた巫女であった、と、みなさないわけにはいかないのです。

日祀部とは、天皇家が大和で行なう日祀に必要な経費や人員を負担せしめるために設置した部（隷属民の集団）で、地方の国造《くにのみやつこ》が、じぶんに所属する人民を割いて天皇家の所有に帰し、しかもじぶんが天皇家にかわって現地でその部を管理していました。いまの千葉県海上《うなかみ》には、そのような他田日奉部《おさだのひまつりべ》が設けられていました。

磐隈皇女

磐隈《いわくま》皇女は欽明天皇の子で、またの名を夢《いめ》皇女といい、「初め伊勢の大神の祀《まつり》に侍り、後に皇子茨城《むばらき》に奸《たわ》くるに坐《より》て解けぬ」と、『日本書紀』にはしるされています。

この記事も、菟道皇女の場合とおなじように、伊勢にいたものとはみなされません。大和で日祀をしていた天皇家の棚機つ女《たなばたつめ》であったからこそ、近くに住んでいる皇族男性と密通することもできたのでしょう。イセの大神という表現も、いまのわたくしたちには、すなおないいかたとはうけとれません。欽明よりまえには、『日本書紀』の継体天皇の条に、荳角《ささけ》皇女が、「是れ伊勢大神の祠に侍《はべ》り」とみえています。この記事も、菟道皇女の記事とおなじように、いまのわたくしたちにはすなおないいかたとはうけとれません。

「伊勢の祠」「伊勢の大神」「伊勢大神の祠」といういいかたには、どうみても、アマテラスオオカミ成立以前の、地方神としてのイセの大神に天皇家が斎王を送っていたころの気分が反映しています。すなわち、これらの記事は、多気大神宮が成立する以前、そして大来皇女がイセの大神の斎王となったとき以後の、つまり七世紀の終わりの天武・持統朝のころに、古い記録に修正を加えて編集した史料が、八世紀にそのまま『日本書紀』に登載されていったもの、と判断されます。

天武朝に、イセの大神（の祠）に大来皇女を斎王としてさしだしていたので、それより古い日祀の皇女の記事をも、ほんとうは大和で日神《ひのかみ》に仕えていたのにもかかわらず、改竄して、イセの大神に仕えたように書き改めたもの、とみないわけにはいかないのです。しかしそれでも、イセの大神と表現して伊勢神宮といわないところは、『日本書紀』のこの記事のもとになった史料の成立が、八世紀ではなくて天武・持統朝という七世紀末のころであったことをものがたっています。

継体天皇の子が欽明天皇で、その子が敏達・用明両帝ですから、荳角・磐隈・菟道・酢香手姫はだいたい一世代にひとりの割で斎王に任命されたことになります。これらの斎王は実在の人物で、実際に日祀をしていた太陽の妻（大日孁《おおひるめ》）であったのでしょう。しかし、イセの大神の妻でも、アマテラスオオカミという女性神の妻でもありませんでした。アマテルタマの妻であったにすぎないのです。そして、この皇女たちは、大和に住んでいました。

他田のアマテルタマ

前述の皇女たちが、大和で仕えていた太陽霊は、アマテルタマとよばれました。アマテルタマがアマテルミタマと敬称され、それがまたアマテルオオカミノミタマとなり、それが女性神に転化してアマテラスオオカミノミタマと敬意を表してよばれるようになっていきました。いまの皇大神宮のカミは、天照坐《あまてらします》　皇大御神《すめらおおみかみ》の御魂《みたま》とよばれていますが、この神名から敬語を全部とりのぞいてしまうと天照魂《あまてるたま》に還元してしまうではありませんか。

そして、太陽霊を意味する天照魂や天照御魂は、天火明命《あめのほあかりのみこと》という、男性の人格神としての名をもっていて、けっして天皇家の祖先としての女性神アマテラスオオカミを意味していないのです。他田坐天照御魂《おさだにますあまてるみたま》神社は、おそらく菟道皇女らが他田でまつっていた太陽霊の祭祀を、その後においても継承することによって成立した神社なのでしょう。

伊勢において、イセの大神をアマテラスオオカミに成長させ完成するのに併行して、それとは別系統に大和などでは、イセの大神ともともとおなじ太陽霊を、火明命という別な人格神にまで成長させていたのでした。しかし、火明命の系統の太陽霊＝アマテルミタマは、天つカミでありながらも、天皇家やその他の氏族がまつる、氏の守護神にとどまっていました。火明命は、天皇家の祖先神にはならなかったのです。火明命は、『日本書紀』によればニニギの子、ヒコホホデミの弟であり、『古事記』によればニニギの兄でした。天皇家に血脈が流れてゆくカミではないのです。火明命は、天皇家の系譜では傍系あつかいされています。

要するに、大和で、天皇家が皇女をその巫女にして太陽をまつっていた六世紀後半から七世紀のはじめには、おそらく太陽のことを、天つカミ・日神・アマテルタマとよんだだけで、ことさらそれを人格化して火明命とは、まだよんでいなかったのでしょう。七世紀も終わりに近づいたころになって、このアマテルタマに人格を与えてよぶようになったとき、火明命といったのでしょう。そして、そのカミは、完成された天皇家の系譜の上では、天皇の直系の祖先とはみなされなかったのでした。なぜなら直系の祖先は、伊勢の土豪と天皇家との合作によって、七世紀末に、伊勢の土壌に成長した信仰をもとにしてアマテラスオオカミにつくりあげられてしまったからです。

他田のアマテルタマの神社は早く滅んでしまいましたので、カミの名も火明命であったことをいま証拠だてることはできませんが、おなじ大和にあった鏡作《かがみつくり》のアマテルタマなどが火明命をまつっているところからみて、他田の場合も火明命と思われていたろうと判断してさしつかえありません。

結局、六世紀後半から七世紀初頭にかけての天皇家は、大和において日神をまつり、そのカミは後になってもアマテラスオオカミとは思われなかった、と断定することは、確信をもっていいきることができるのです。

日祀部

日祀部は、天皇家の棚機つ女（斎王）が行なう日まつりの費用を負担する隷属民の集団で、東国に設置されていたのでした。

天平二十年（七四八）の『正倉院文書』に、下総国（千葉県）に海上国造《うなかみのくにのみやつこ》他田《おさだの》日奉部直《ひまつりべのあたい》という姓がみえています。『万葉集』には助丁《すけのよぼろ》海上郡の海上国造他田日奉《おさだのひまつりの》直《あたい》得大理《とこたり》という人の歌がのせられています。そして、大和には中央の伴造《とものみやつこ》として日奉連《ひまつりのむらじ》・佐伯日奉造《さえきのひまつりのみやつこ》がいて、そのまとめ役をしていました。

このように、はっきりと他田の日祀のための部《べ》（隷属民）がおかれていたのですから、六世紀末の敏達天皇のころには、たしかに日まつりを、皇居のある他田の地で、天皇家が行なっていたにちがいありません。

日まつりをするためには、太陽の妻を天皇家はどうしてもさしださなければなりません。そうなると、六世紀後半に連続的に任命されていた斎王たちは、日まつりのための日孁《ひるめ》であったにちがいないと断定せざるをえません。天皇家が太陽の妻として、皇女を必ずさしだしていたと判断する材料を、わたくしどもは沖縄の古習のなかからみつけることができるのです。

聞得大君

琉球では国王を太陽の子と思っていました。そして、琉球でいちばん上の巫女は聞得大君《ちふいじん》とよばれ、王の宮殿とは別に御殿《おどん》に住んでいて、太陽と月とをまつっていました。
(きこえおおぎみ)

「女官の中、皇后の次に位し、巫女では最高級の聞得大君《ちふいじん》(＝きこえうふきみ)は、昔は王家の処女を用ゐて、位置は皇后よりも高かつたのを、霊元天皇の寛文七年に当る年、席順を換へたのである」と、折口信夫博士は「琉球の宗教」のなかで述べています。

皇后よりえらい最高の太陽の妻――。それは、琉球だけのはなしではなかったはずです。六、七世紀の日祀の巫女の姿をこの沖縄の聞得大君にみいだすのは、けっして飛躍した観察ではありません。日本の古典にしるされたカミまつりの種々相は、いまの沖縄にそのまま生きていますし、日本の片隅にひそやかにいまも残る太古の遺習は、古典とも、沖縄の習俗とも共通しているという現実があるのですから――。

稚足姫

『日本書紀』雄略天皇元年の条に、稚足姫《わかたらしひめ》皇女(またの名は栲幡姫《たくはたひめ》皇女)のことを、

「是の皇女伊勢大神の祠《いわい》に侍り」としるしています。そして、同三年の条につぎのようにしるしています。――阿閇臣国見《あえのおみくにみ》は、栲幡皇女を廬城部連武彦《いおきべのむらじ》が犯してはらませたといって讒言した。武彦の父は、その流言をきいて武彦を廬城河にさそいだして殺した。天皇は、使者をやって皇女に事実をたずねた。皇女は「私はしらない」とこたえて、神鏡をもって五十鈴川上に行き、鏡を地下に埋めて縊死した。やがて、神鏡をみつけだし、皇女の屍を割いてみると、腹の中に水のようなものがあり、その中に石があった。武彦の父は子の罪をそそぐことができたので、子を殺したことを悔いて、報復のため国見を殺そうとした。国見は、石上神宮《いそのかみ》に逃げかくれた。

この説話は、日祀の巫女に関係したある種の物語であったのでしょうが、雄略天皇の時代の話としてある点が不審です。いままで叙述した斎王の皇女たちから、ひとり、あまりに年代がかけはなれて古すぎるのです。はなしそのものも、あまりにとっぴで、信じられません。つくり話だとしか考えられません。

それに、物語の舞台となったところも、書紀にしるされる以前のもとの史料では、たぶん大和であったのだろうと思われます。国見は、大和の石上神宮に逃げかくれたのですから、いずれ彼は石上神宮に関係のある大和の豪族であったのでしょう。伊勢に住んでいる斎王の、あらぬ流言をたてた人としてはふさわしくありません。たとえこれが物語であるにしても、この斎王が大和に住んでいたのならば、話のつじつまがあうというものです。

タケルに会わぬヤマトヒメ

『日本書紀』によれば、垂仁天皇の二十五年に、皇女の倭姫《やまとひめ》が、大和の笠縫邑《かさぬいのむら》からアマテラスオオカミを移して、各地を転々とした後、伊勢の五十鈴の川上にまつった、とされています。この記事が信ずるにたらないことは、もはや多く言葉をつくすまでもないでしょう。

ヤマトヒメという名は、固有名詞にふさわしくない名です。なぜなら、それはヤマトタケルという名とおなじように、元来、普通名詞であるからです(ヤマトタケルとは大和の坊ちゃん、ヤマトヒメとは大和のお嬢さんというぐらいの意味です。今日の学界では、ヤマトヒメもヤマトタケルも架空の人物とみなされています)。垂仁天皇の時代といえば三世紀末ごろにあたりますが、そのころ伊勢に、天皇家の勢力が神宮を建設するほどに強固に伸びていたとは思われません。だいいち、そのころ祖先神の崇拝はおろか、人格神の崇拝という事実も、あったとはとうてい考えられないからです。それに、伊勢の現地の史料も、ヤマトヒメの実在性については、けっして肯定的ではないからです。

川姫のことは、『皇太神宮儀式帳』にしるされていますので、前にも述べておきましたが、彼女はたいへん注目すべき人物です。皇大神宮の禰宜《ねぎ》の荒木田《あらきだ》氏には、その先祖に川姫命《かわひめ》という人がいて、『儀式帳』のしるすところによれば、彼女はヤマトヒメの介添え役としてアマテラスをまつっていました。

『日本書紀』には、ヤマトヒメがアマテラスを大和から伊勢に遷座してまつったと書いていますが、『古事記』にはそういう記事はありません。『古事記』や『日本書紀』は、ヤマトヒメとヤマトタケルとが伊勢神宮で面会した、と書いています。タケルは、景行天皇に東国征服を命ぜられて、まず伊勢神宮へやってきて、叔母のヤマトヒメに会い、「天皇はわたしに早く死ねとおっしゃるのか」といって嘆きます。それは『古事記』に書かれている記事なのですが、このヤマトタケルの嘆きが戦後の古代史をにぎわした英雄時代論のよりどころなのです。

ところで、ほんとうはタケルとヤマトヒメとは会っていないのです。いや、たとえ会いたくても会うことができないのです。それはなぜかというと、『皇太神宮儀式帳』の記事がつぎのように書きしるしているからです。——ヤマトヒメは大和の笠縫のむらからアマテラスを伊勢に移すと、すぐ大和へ帰っていった。そのあとは川姫がアマテラスをまつった。これではタケルは伊勢にきてもヤマトヒメに会えるはずがありません。この『儀式帳』の記事は重大です。なぜなら、この事実によって、もともと伊勢にはヤマトヒメの伝承がなかったことがわかるからです。またタケルの伝承も、もともと伊勢になかったものであることが知られます。

ついでにつけ加えて述べておきますと、ヤマトタケルが北伊勢で、東征からの帰りがけに死んだので葬ったという能褒野《のぼの》の陵の伝説地、つまり白鳥陵とよばれるものは、北伊勢の亀山市・鈴鹿市に四ヵ所ほどありますが、いずれもその古墳の成立年代が非常にあたらしくて、タケルの墓とはみなされません。巨大で、古い形式の前方後円墳は一つもその地方にはなく、したがってほんとにタケルの墓に比定できるものはないのです。

『古事記』になくて『日本書紀』にだけあるアマテラスの伊勢遷座の伝承は、天皇家が大和で創作したあたらしい説話にすぎません（だからこそ、早くから学者のあいだでは、『日本書紀』の「五十鈴の川上は天照大神がはじめて天から降りてきたところ」という記事を根拠にして、「アマテラスは高天原から直接に宇治へ天降ってきたので

あって、大和から遷座されたのではない」と説く学説が有力に行なわれているのです)。ですから、そういう説話が『日本書紀』にのせられてしまうと、伊勢の現地の人たちは、さぞかしとまどってしまったことでしょう。

『日本書紀』は正史ですから、それに書いてある話は尊重しなければならないのが、伊勢神宮の神官たちの立場です。けれども、じぶんたちの伝承の中にはそういう事実はなくて、かえってほんとうはじぶんたちの先祖の女性が太陽神アマテラスをまつっている。――これはなんとか調和させなければならない、というので、荒木田氏は、伊勢にきたヤマトヒメをすぐに大和へ帰してしまって、あとは川姫にまつらせてしまう、というとんでもない説話に変形してしまったのでしょう（『儀式帳』は伊勢神宮が朝廷にさしだした報告書なのですから、これでも精一杯まじめに書いたものなのです)。

皇大神宮の禰宜という立場ですら、このヤマトヒメの創作説話には閉口したのですから、タケルとヤマトヒメの伊勢神宮での会見などは完全に黙殺してしまうよりほかにはしかたがありませんでした。ヤマトヒメの説話が古い宮廷説話であったなら、ながいあいだにはかならず伊勢の神主たちはそれを全面的にとりいれるようになっていたはずです。現地がわにとっては寝耳に水のように突然つきつけられた説話にすぎなかったというのが、ヤマトヒメの物語であったにちがいありません。

要するに、ヤマトヒメの伝承は、もともと伊勢にはなかったのです。伊勢には、彼女にかわる川姫の伝承がありました。それどころではありません。外宮の禰宜の度会《わたらい》氏は、その先祖の中に斎王をもっていました。斎王とは皇女であるべきはずなのに、度会氏はその先祖のなかに宮子という名の斎王をもっていたのです。彼女の名はもちろん『日本書紀』にはみえていません。

イセの大神は南伊勢の地方神であって、南伊勢地方の村むらでまつられていたのですから、南伊勢の村むらの土豪はそれぞれじぶんの氏の女性をカミ妻として、まつりにあたらせていたのです。そのような巫女を彼らは斎王とよぶ場合もあったのでしょう。

こんなわけで、ヤマトヒメのいない伊勢神宮では、タケルも彼女にあってぐちをこぼすことはできないのです。タケルの嘆きはけっして古い伝承そのものであるということはできません。

『日本書紀』の修正

『日本書紀』が完成したのは養老四年（七二〇）、『古事記』が完成したのは和銅五年

（七一二）のことです。日本でいちばん古いこの歴史書は奈良時代にできあがりました。

『日本書紀』や『古事記』は八世紀に完成しましたが、編集は七世紀の終わりごろの天武・持統天皇のときからつづけられていました。そしてその叙述の資料になったのは、六、七世紀のころに実際に記録されていた書き物でした。したがって、『日本書紀』の記述は六世紀後半からくわしくなり、ことに七世紀の終わりの天武・持統両帝の時代はたいへんくわしく記事がのせられています。

『古事記』は、六世紀の記事は簡単で、推古天皇までしか書いてありませんので、アマテラスや伊勢神宮の成立の研究で問題になる六、七世紀のことがいっこうにわかりません。したがって、おもに使って吟味しなければならぬ史料は、『日本書紀』なのです。

その、だいじな研究材料である『日本書紀』は、六、七世紀の記事は相当に信用していいわけなのです。けれども、なんといっても『日本書紀』は、天皇の絶対的な権力を確立した天武・持統両帝の息がかかって編集されていますから、どうしても天皇の権威の宣伝のためにつごうの悪い記事は、ゆがめられ、手を加えられて修正されて記述されています。

伊勢神宮の成立は文武二年（六九八）なのに、奈良時代には伊勢神宮が天皇家と国家との最高の神社につくりあげられていたので、七世紀後半の〝地方神〟時代のプレ＝皇大神宮の記事にも多少の修正を加えています。しかしその修正はあまり多くないので、じっくりとその記述を吟味しますと、地方神であった証拠は、はっきりつかみだすことができるのです。

ことに六世紀後半に伊勢神宮の斎王となった、莵角《ささけ》皇女から酢香手《すかて》皇女までの四人の皇女については、天武天皇のとき大来《おおく》皇女がはじめて斎王として実際に伊勢に派遣されていた事実を反映して、天武・持統のころに、もとの史料に修正を加えて書きしるしましたから、たとえば莵角皇女のことを「是れ伊勢大神の祠に侍り」と表現するように修正されてしまったのです。「伊勢の大神の祠」といういいかたは、まさにプレ＝皇大神宮そのものです。天武・持統両帝のころの伊勢の信仰の実態を表現している叙述のしかたです。

しかし修正される以前の原史料は、きっと、推古朝の酢香手姫の条の或本《あるふみ》にしるされているように、ただたんに日神《ひのかみ》のまつりに仕えていた、というふうな記事であったにちがいありません。そして原史料にはあるいはおそらく、他田《おさだ》などの大和の地名がしるされていたのでしょう。そのようなほんとうの日まつりのある場所を削除して、その記事を『日本書紀』におさめたのにちがいありません。

大和にだいじな日祀部がおかれていながら、そのほうになくてはならない斎王の名が書紀にいっこうにでてこないのですから、そう考えざるをえないのです。

猿のなきごえ

伊勢の現地で、地方神たるイセの大神が天皇家と手を握った時期が、壬申の乱の直後だったことはさきに論証しました。それでは、そもそもイセの大神と天皇家が、とにかくはじめてつながりをもった時期はいつなのか、という疑問がおこるでしょう。

イセの大神が天皇家と縁をむすんで、そのカミのたましいを天皇の身につけるために、大和のみやこに上洛しはじめたころはいつなのか、という問いに対しては、はっきりはわからない、と答えておくよりほかしかたがありません。しかし、それを考えてみるうえのヒントになる記事が一つ、『日本書紀』にみえています。それは皇極天皇の四年（六四五）正月のこと、猿の群れが都の川辺や宮寺のあいだに出没して、しきりになきごえを発し、「こは伊勢の大神の使《みつかい》なり」と世の人に噂された、という記事です。

カミの使いと人に思われている動物は、実は、カミそのものであるトーテムのばあいが多いのです。ことによると、そのころ都びとには、イセの大神は猿の姿をして上洛してくるものと思われていたのかもしれません。

こういうはなしは、そのころ、イセの大神がまだいわゆるアマテラスではなかった証拠になります。猿は蛇とおなじく、山のカミ、すなわち天つカミのトーテムなのです。だから七世紀半ばのそのころは、イセの大神は天つカミ・山のカミ（鼓ケ岳・高倉山・大日山など、南伊勢の山々に天降るカミ）とみなされていたわけでしょう。そういうカミは、あきらかに地方神です。この記事によって、イセの大神は当時、毎年、年のはじめのころ、伊勢からみやこに上洛してきていたカミであったろう、ということが確かめられるのではないでしょうか。

9　天の岩戸の舞踏

天の岩戸神話は、毎年真冬に天皇家で行なわれる、太陽霊の復活祭の説明譚です。その行事は、南伊勢出身の猿女が宮廷で実演していました。同種の行事は猿女のふるさとでも行なわれました。日の妻たるアマテラスは、もともと、ツキサカキ（高木）によりつくカミの巫女でした。

神話の創作

皇大神宮の成立と日本神話の形成とのあいだには、切っても切れない太いつながりがあります。そこで、皇大神宮がなぜ伊勢の宇治につくられたかの説明をするための前ぶれとして、日本神話がつくられたしくみについて述べてみたいと思います。

折口信夫博士は、『古事記』や『日本書紀』に書かれている事実を、歴史事実とみなしてはいけないと戒められました。『古事記』や『日本書紀』は、巫女《みこ》のものがたるカミガミの物語なのだ、ということを強調しておられます。

江戸時代の本居宣長《もとおりのりなが》や平田《ひらた》篤胤《あつたね》などの国学者は、神話の世界はいまの人間のうかがい知ることのできない世界だから、そのまま信じなければいけない、と書いています。明治から大正にかけての実証主義の歴史家たちでも、『古事記』や『日本書紀』の書きしるしていることを実際にあったことと思って、それを詮索して証拠だてるために、いまからおもえば不合理で滑稽な詮索を重ねてきた人が多いのです。

しかし、実は、折口博士のいわれるとおり、『古事記』や『日本書紀』の、ことに六世紀半ばからむかしの記事は、たとえそこにいくらかの歴史事実の反映があるにしても、そのほとんど大部分はカミガミの物語なのです。

カミガミの物語とは、巫女たちがその心意を表明し、彼女らの行なう祭儀の行為の意味を解説するのをメモして、それに仮りにむかしの年代をつけたものにほかなりません。政治家や民衆の実生活の記録ではないのです。ただ、大小の氏の族長（天皇家のばあいもそうですが）は、カミに仮装してカミを体現しましたし、その氏の女性たちは、カミのよりつくカミ妻でしたから、彼ら族長階層の精神生活とカミまつりの行為の反映したものが、『古事記』『日本書紀』の古い時代の記事となっておさめられ、そのようなカミに関係ある人びとの名が記録されているにすぎないのです。

『古事記』や『日本書紀』の物語はカミがたりですから、その内容は語部《かたりべ》の人たちによって自由に変形されたり、つけ加えられたりします。宮廷に仕える巫女たちは、カミがかりの状態でもって、宮廷をめぐる最近のショッキングなできごとの理由を、むかしにさかのぼって因縁づけるカミがたりを、口をついて語りだします。その物語は当然、天皇家の高まりゆく権威を背景にして、地上の万物が天皇に対して服従する物語となり、重ねに重ねて天皇家の権威を強調するものとなります。

『古事記』や『日本書紀』の内容は、その時代が古くさかのぼればさかのぼるほど虚構となっていって、崇神天皇以前の記事や神代《かみよ》の話がもっとも完璧な虚構であるのはそのためです。神代の、古い時代の話になればなるほど、その説明がつくりだされた時期があたらしい、といわれるのは、話がつけ加えに加えられてゆくので、そうならざるをえないのです。

アマテラスの誕生も、このようにして意外にあたらしい話ですし、天《あま》の岩戸《いわと》や天孫降臨の神話にしても、意外にあたらしいものなのでした。これらの神話を口ばしった宮廷巫女たる猿女君《さるめのきみ》らは、七世紀末における天皇の絶対的権威への奉仕者たる立場から、いまの天皇とじぶんとの関係を、双方の祖先のふかいつながりのある昔物語として、話を構成しました。つまり、じぶんたちの神事伝承と、日常の生活体験の中から材料をひろい、その素材を天皇家への因縁話としてひっかけて、神話を組みたてたのでした。

しかも、思うに、おそらくそれは虚構をたくらんでいるという意識もなしに、淡々と虚構を構成していったのでしょう。だいたい巫女のカミがたりというものは、巫女がじぶんの意識下で構成した物語を、カミの教える因縁話として、カミがかりの状態で口をついて語りだすのですから、いまでいえば新興宗教の教祖の託宣とおなじです。だから、たとえばきのうのできごとでも、それが太古のできごとのひきつづきのように意識したり、そしてそんなふうに説明するぐらいのことは容易にできたのでした。

このようにして新作される神話や物語が、史官によって堂々と正史の中に採録されてできあがったのが、『古事記』や『日本書紀』の古い時代の記事なのだ、ということができるのです。

草薙の剣

たとえば、一例として草薙《くさなぎ》の剣《つるぎ》をとりあげて、ヤマトタケルの東征説話につながりをもつこの剣の説話が、いかにしてかたちづくられていったかを検討してみることにしましょう。『古事記』や『日本書紀』にかたられている草薙の剣の由来というものは、実はたいへんにあたらしくまとめられた物語なのです。

天武天皇の朱鳥元年（六八六）六月十日、天皇の病気の原因がなんであるのかを占ったところ、草薙の剣が祟《たた》っていることがわかったので、この日、尾張国（愛知県）の熱田《あつた》の社《やしろ》に送っておいた、という奇怪な記事が、『日本書紀』にしるされています。

この文章をすなおに読んだならば、いまも熱田神宮にまつられている草薙の剣は、このときに大和の朝廷からはじめて尾張の熱田に送りつけられたものであることが明瞭となります。宮廷の占い者の勝手な判定が、突如として尾張の国造《くにのみやつこ》であった土豪の社へ、思いがけなくもこのとき天皇家から一本の剣を送りこませることになったのです。たまたま、その剣の名を草薙の剣と名づけたのも、そのとき占いをした人の連想からくる、勝手な思いつきであった可能性は十分にあります。

このとき宮廷で、天武天皇の病気の原因を占ったか、あるいは占いにかかわりをもったその人は、宮廷の語部である天語連《あまかたりのむらじ》（天語部《あまかたりべ》）か、おなじく宮廷の巫女で神事舞踊家であった猿女君《さるめのきみ》かの、どちらかであったでしょう。それというのは、これらの人はいずれも南伊勢の出身で、大和の宮廷において、宗教的芸能をその仕事として、仕えていた人たちです。そして、彼らのような伊勢の海部《あまべ》の出身者でなくては、ひとふりの剣に草薙の剣という固有名詞をつける思いつきは、とても出てこなかったろうと思われるからです。彼ら天語連や猿女君の人たちならば、草薙の剣というものに、こだわる気持をもったとしても、すこしもふしぎがないからです。

伊勢の海部の出身者ならば、このとき〝剣ならば草薙の剣〟というふうに思いつく可能性が十分にありました。それは〝草薙〟と〝剣〟に関する伝承が、伊勢の海部の首長の度会氏には、ちゃんとあったからでした。

『豊受大神宮禰宜補任《ぶにん》次第』によりますと、度会氏の祖先の大若子《おおわかこ》は、天皇家から標剣《しるしのつるぎ》を賜って越《こし》の国を征服したというのです。この標剣は、外宮の重要な摂社の草奈伎《くさなぎ》（草薙）神社に、その神体としていまにいたるまでまつられています。伊勢では、実際に草奈伎神社に神剣がまつられているのです。しかも、それをまつる度会氏の先祖には天牟羅雲《あめのむらくも》命がありました。

このように伊勢の度会氏には、越《こし》の国を征服するのに使った草奈伎神社の剣があり、それをまつる氏のおこりをただせば叢雲から出ているというのですから（『古事記』や『日本書紀』によると、草薙の剣とは、叢雲《むらくも》の剣が途中でその名を変えたものです）、古典に名高いヤマトタケルの草薙の剣の伝説というものは、もともと、伊勢の国造《くにのみやつこ》度会氏がもちつたえていた地方神話であったのだ、といわなければなりません。

この草薙の標剣《しるしのつるぎ》はたしかに伊勢にいまでもあるのに、それにもかかわらず、いつのまにやら草薙の剣が尾張の熱田にあることになってしまったのは、伊勢とは別箇に、この朱鳥元年というときに、草薙の剣と名づける剣が、『日本書紀』の天武天皇の条にはっきりとしるされているとおりの事情で、天皇家から熱田に送り込まれた結果だといわなければならないのです。

この神剣については、またこれよりさき天智天皇の七年（六六八）に、「この歳、沙門《ほうし》道行、草薙の剣を盗みて新羅に逃げ向《ゆ》きぬ。しかるに中路《みちなか》にして風雨《はやて》あり、荒迷《まど》ひて帰りき」という事件のあったことが、『日本書紀』にしるされています。この文章をみると、神剣はかならずしも、このとき熱田の社にあったものがぬすまれたのだ、とはいえません。すなおに読めば、むしろ大和の宮廷の中から剣がぬすみだされたもの、とうけとれます。実際、『日本書紀』では、ヤマトタケルが草薙の剣を熱田においてきた、とは明言せず、あいまいにしか書いていないのですから——。

天智天皇のころ、草薙の剣が（宮廷から）ぬすまれたという伝承は、おそらく朱鳥元年の天武の病気の占いのときにおこったできごとを裏づけるために、そのあとでつけたした因縁話なのでしょう。なぜかといえば、天智天皇のころの記事は、年月日をみなあきらかにしるしている正確な史実ばかりなのに、この話にかぎって、「この歳」とぼかしてあります。その点、事実性をおおいに疑わないわけにはいきません。

このようにして、ヤマトタケルの説話のなかの草薙の剣の物語は、実は意外にも伊勢の海部《あまべ》の首長である度会氏のもちつたえた地方神話を、宮廷説話の中に取り込んだものだったのです。しかも、宮廷においてその作業にあたったのは、伊勢の海部の出身である天語部・猿女君らであった、とみなされます。そして、そのような宮廷説話が新作される契機となったできごとは、朱鳥元年に、剣を宮廷から熱田へ送りつけた、という突発的な事件であったのでした。

カミのたたりのために天皇が病むという、きわめて宗教的な事件の由来を説明するために登場したこのひとふりの剣は、その名を草薙の剣とよばれることによって、日本神話というかぎりなく繰りひろげられてゆく空想的なむかしがたりの世界に、きわめて重要な役割をになわされて登場させられることになりました。もともとこの草薙の剣は、朱鳥元年の天皇の病気の原因を説明するための、きわめて単純で素朴な素材として、顔だししただけだったのですが——。

こういうわけですから、編述された古典の空想的世界の中だけで、ヤマトタケルはほんとうはヤマトヒメがいもしない伊勢神宮にでかけていって、ヤマトヒメに会ってぐちをこぼしたり、そこにありもしない草薙の剣（伊勢の伝承では標剣である）をもらったりして、まことに自由奔放に活躍することもできたのでした。創作の世界なのですから、種に使える素材を自由に使って話を組み合わせることができますし、あたらしく大きなスケールの話も、どんなにでもして羽をのばしてつくりひろげることができたのです。これがヤマトタケル東征説話の成立の真相といえましょう。

さて、わたくしはここで、さきほどの文の中にあらわれた天語連（部）・猿女君とはいかなるものか、もうすこしくわしく解説しておかなければなりません。

神話のふるさと

日本神話の主要な部分といえば、高天原の天の岩戸神話、天孫降臨神話、ヤマトタケルの東征説話などですが、これらと伊勢との関係は非常にふかいのです。それは、伊勢に皇大神宮があるからというような単純な理由ではなくて、日本神話の多くの部分の原型というものは、実はもともと伊勢の土豪と民衆のものであったらしいのです。

南伊勢地方国家の首長の度会氏や、五十鈴川すじ集落国家の首長の宇治土公《うじのつちぎみ》《（とこ）》氏や、伊勢・志摩海岸の漁民集団であった磯部たちの、生産や村国の政治の中から生みだされていた地方神話が、大和の朝廷へ服従の誓いのしるしとして捧げられ、宮廷神話の中にもちこまれていっていたものなのです。伊勢は日本神話のふるさとですから、日本神話の原初形態は、伊勢固有の神話・伝承・信仰の中で、おおいに追究されなければなりません。

そのような着眼のいとぐちを示されたのは、折口信夫博士の『古代研究』（折口信夫全集）ですが、その後、その流れをくんだすぐれた研究があらわれています。土橋寛氏の「宮廷寿詞とその社会的背景」（「文学」二四の六）や、上田正昭氏の『日本武尊』（人物叢書）などがそれです。

伊勢の海人《あま》が宮廷に、その信仰にもとづく神話を捧げるにあたっては、天語連や猿女君が活躍しています。彼らは、伊勢から大和の宮廷に出て仕え、宮廷神話の樹立に貢献した人びとです。

『古事記』を誦習した稗田阿礼《ひえだのあれ》は猿女君の一族であるといわれ、猿女君は宇治土公の女系とされています。また、天語連は、系譜的には度会氏につながっていて、その一族とみなされています。そして、宇治土公こそ、皇大神宮の前身であるイセの大神を、みずからの氏のカミとして、その居住地の宇治においてまつっていた地方土豪であったのです。日本神話の主要なる部分の創作者、猿女君のふるさとに、日本神話の主人公アマテラスを固定してまつることになって創立されたのが、皇大神宮だったのです。

天語連

そのむかし、大和の朝廷に征服された伊勢の海人のかしら（度会氏）は、天皇に服従のちかいを果たすために、つねに魚貝を天皇にとどけました。そして、服従のちかいをあらたにするために、彼らの神話である寿詞《よごと》・寿歌《ほぎうた》をたてまつりました。

この魚貝にそえてたてまつる海部物語《あまべものがたり》のことばや歌は、天語《あまがたり》とよばれ、古典に残されています（『古事記』雄略天皇条）。この天語は、天皇家によろこばれて、天皇家の宮廷神話として採用されました。このようにして、伊勢の海部（磯部・伊勢部）の族長のあるものは、大和の宮廷に専属する語部《かたりべ》となってみやこに住みつきました。これが天語連《あまがたりのむらじ》（天語部《べ》）なのでした（天《あま》は海《あま》の意です）。

この天語連は、『姓氏録』によると、天日鷲命《あめのひわしの》の後裔であるとしるされています。ところが、この天日鷲命は、もともと伊勢の国造の度会氏の先祖なのですから、天語連と度会氏とは、同じ系統の同族なのです。

壬申の乱のときに、天武天皇が北伊勢でアマテラスをいのった報賽として、イセの大神を尊敬した事情は、このあたりに理由があると判断されます。そのころ、大和の天皇家は太陽をトーテムとしてまつっていましたが、おなじように伊勢でも太陽をトーテムとする信仰集団があって（度会氏がその先祖を日鷲とか日別とよぶのはその証拠です）、しかも天皇の食料の魚貝を献上するのにそえて、その太陽信仰を熱烈に天皇家にもちこんでいたのです。ですから、天武が北伊勢で戦陣の間に必死の思いで太陽をいのった信仰心が、すぐにおなじ伊勢の太陽信仰の集団への返礼という結果になりえたのでしょう。

つまりそのころ、天皇家にアマテルの信仰があったうえに、南伊勢出身の語部が宮廷にいて、同じ性質の南伊勢の太陽神の信仰をさかんにものがたっていたという現実があったために、このイセの大神が天武によって尊敬されることになったのです。壬申の乱のころには、南伊勢では神国造《しんこくぞう》としての伝統的権威を度会氏はまだ失ってはいませんでした。したがって、天武天皇が大来皇女を最初の斎王としてイセの大神に献じ、南伊勢に派遣したときには、彼女は伊勢の海部の統率者度会氏の居住地、すなわち宮川河口デルタ地域に送りこまれて、主として宮川の川のカミまつりをしていたものとみなされるのです。

やがて、伊勢の現地における土豪の勢力関係が破れ、度会氏のもとにあった宇治土公氏が台頭するのに呼応して、みやこでは度会氏につながる天語部（連）をしのいで、宇治土公の女系の猿女君が台頭し、その系統の女性稗田阿礼が神話の確立に参画するまでにいたりました。

みやこにおける天語部から猿女君へ、南伊勢における度会氏から宇治土公氏へといった勢力関係の推移が、イセの大神の中心的祭場を宮川すじから五十鈴川すじに移動させる結果を招来し、そして天皇家の皇大神宮を、猿女君のふるさとと宇治に固着して建設させる結果をもたらしたのだ、といいきることができるのです。

宇治土公

宇治土公《うじのつちぎみ》（とこ）氏は、皇大神宮の玉串《たまぐし》の大内人《おおうちんど》として、明治維新まで連綿として内宮に仕えてきた重要な地位の神官の家です。玉串とは、斎串《いぐし》（カミのよりつく木、または枝）のことでしょうから、それには宇治のもともとの信仰である撞賢木《つきさかき》のまつりをする神官という気持が、伝統として残っていたのだ、と思われます。

『皇大神宮引付』には、「宇治土公の遠祖を検《けみ》すれば、五十鈴河上地主猿田彦神是也、一名衢神なり。件《くだん》の神は宝殿なく、賢木を以て神殿となす。氏子等の玉串役此の縁地」とみえています。

斎串については『万葉集』に「斎串立《いぐした》て神酒《みわ》坐《す》ゑ奉《まつ》る神主部《かむぬし》の髻華《うず》の玉蔭《かげ》見れば乏《とも》しも」という歌がありますが、宇治土公は玉串の大内人として、斎王・勅使が皇大神宮におまいりするとき、木綿鬘《ゆうかずら》（カジノキの皮を剝いだもので、カミをまつる人が、そのしるしに、頭に巻きつけるもの）と玉串をさしだす役をつとめています。

宇治の大内人とも玉串の大内人ともよばれる宇治土公は、『皇太神宮儀式帳』によれば、実はプレ＝皇大神宮のなごりをとどめている内宮のいろいろなまつりの主役なのでした。たとえば、心《しん》の御柱《みはしら》（忌《い》み柱《はしら》）を鼓ケ岳の山中から切り出すのも、八咫の鏡のいれものである木の船をつくる木材（御船代木《みふなしろのき》）を同じ山から切り出すのも、みなこの宇治土公が担当する祭事なのです。

　カミは、木の舟に乗って天から地上に降ってくると考えられていました。それで皇大神宮でも、神体の鏡は木の舟に入れられて、たてものの中に安置されているのです。鴨川すじの場合、貴船のカミは、皇大神宮とおなじように木の舟に乗って降りてきました。だから、木舟＝貴船の社とよばれたのです。賀茂社のカミは、神山に降ってくるとき空から岩の舟に乗って降りてくると信じられていました。古代のカミが、木や岩の舟に乗って天降るという考えかたは、きわめてふつうにみられたのです。

ことに、この御船代木を山から皇大神宮の本宮まで運搬してくるときには、カミを鼓ケ岳から本宮まで迎えてつれてくる気持があったものと察せられます。カミは、木の船に乗って天から地上に降りてくると信じられていましたから、その運搬には警蹕《けいひつ》のかけごえをかけながら運んでいます。山に降ってきたカミを本宮に迎えいれているのだという気持が、そこにはたしかにくみとれます。

　さて、宇治土公は度会氏とおなじく、磯部として天皇家に把握されていた人でした。そのことは、『皇太神宮儀式帳』に、宇治大内人・無位・宇治土公・磯部小《お》紲《はな》と名のる人の名がみえていることによってもあきらかです。宇治土公という家すじの呼

び名は、皇大神宮の所在地である宇治の村君《むらぎみ》（小土豪）であったことを意味していま
す。村君とは、村の君主・首長を意味します。
狭長田《さながだ》と古文献に表現されている五十鈴川ばたの細長い水田地帯の、そのいちばん
奥地の村が楠部《くすべ》とよばれ、ここが宇治土公のもともとのすみかであったようです。こ
の楠部の農業共同体の人びとは、すぐその川上にあたる宇治の地で、河水のカミをま
つっていました。この、川に〝みあれ〟する天つカミが、『日本書紀』にみえる撞賢《つきさか》
木厳之御魂天疎向津媛《きいつのみたまあまさかるむかつひめ》でした。この長々しい呼び名は、イセの大神の宇治における呼
び名にほかなりません。
楠部の農業共同体は、大和朝廷によって磯部の民として把握されていました。おそ
らくその村びとは、磯部のかしらである度会氏によって指図をうけていたのでしょ
う。宇治土公は、楠部に住んでいる磯部たちの小規模な首長であったのです。狭長田
の奥地の村のかしらですから、経済的な実力はけっして大きくなかったと思われま
す。それは、伊勢の国造であった度会氏に比べると、とても肩をならべるわけにはい
かなかったのですが、この村君は信仰的にたいへんな偉力を日本歴史の上で発揮しま
した。
日本神話のかなめである高天原《たかまのはら》神話のポイントは、実に驚くべきことには、この宇

治土公のもっていた信仰が天皇家へもちこまれて、まとめられたものだったのです。高天原神話のおもだった部分は、いうまでもなく天《あま》の岩戸《いわと》神話ですが、この天の岩戸で「日（のカミ）を出し奉」（『住吉大社神代記』）ったカミというのは、宇治土公の祖先の人たちであったのです。

むかし大和朝廷に征服された氏族は、そのまつるカミのたましいを天皇にさしあげて、天皇の身につけたのでした。そして、命ぜられる貢物を、毎年朝廷に届けました。南伊勢の海人《あま》たちは、魚や貝を天皇のめしあがりものとして届けねばなりませんでした。そして、その魚貝を天皇にさしあげるとき、その氏族のもっているカミの物語を唱えて、天皇への服従をちかいました。

宇治土公の男性は、天皇家に魚貝を届けては、氏の伝承するめでたい寿詞《よごと》・寿歌《ほぎうた》を語り歌わなければなりませんでした。この寿詞・寿歌は、彼らの神話でした。そして、その氏がふだん行なっている鎮魂《たまふり》の行事を、彼らは大和の宮廷に出かけて行なわなければなりません。その役目は、宇治土公の女性である猿女君が担当して、実演していたのでした。

猿女君

むかし、天皇家に征服されて服従をちかった地方豪族は、じぶんたちの守護神とともに、天皇に投降しました。なぜなら、むかしは村国の生活も祭政一致であって、村の首長はカミの司祭者であり、カミを体現する人であったからです。そして、族長の娘は、氏のカミの巫女ですから、カミとともに天皇家に投降しなければならなかったのです。

『日本書紀』の景行天皇の条によれば、周防国（山口県）の人神夏磯媛《かんなつそひめ》が景行の親征にあって投降したときには、磯津山《そつやま》の賢木《さかき》をこじとって、上のほうの枝には八握剣《やつかのつるぎ》をかけ、中のほうには八咫の鏡をかけ、下のほうの枝には八尺瓊《やさかのたま》をかけて神宝を献じ、「やつこのともがら必ずそむきまつることあらじ。今まさにしたがひなん」といって、服従をちかう寿詞《よごと》を述べています。

服従した土豪の娘は、天皇家にさしだされて采女《うねめ》となりました。采女の本質は巫女であって、じぶんたちの地方国家や村国のカミのたましいを天皇にささげ、天皇の身につけるのが、そのしごとであったとみなされています。天皇は征服した村国のカミのたましいをその身につけることによって、征服したあまたの村国の支配権を行使することができると考えられていたのです。天皇は、このようにしてひろい日本の大王《おおきみ》となることができたのでした。
このようなしきたりの例にもれず、宇治土公の娘の猿女（太陽の巫女の意）も、天皇家にさしだされました。そして、彼女らのまつる太陽の霊魂を、天皇の身につけるしごとにあたらなければならなかったのでした。それが、宮廷で毎年行なわれた鎮魂《たまふり》祭です。鎮魂祭がどのような意味をもつ行事であったのかを、肥後和男博士の『神話時代』の中の、つぎの文章から学ぶことにしましょう。

神話と祭儀の関係が理解されてきてから、折口信夫博士によって、この神話（天の岩戸神話）は十一月の中の卯の日に行なわれる例であった宮中の鎮魂祭と関係があることが指摘されました。それは古語拾遺に「およそ鎮魂の儀は、天鈿女命《あめのうずめ》の遺跡なり」とあることによったのです。天鈿女命は、同書の註にこれ猿女君の遠祖とあって、その子孫というものがあり、ある時代まで宮中の御巫《みかんなぎ》を出していたのです。平安時代の初めのころはその御巫の職は他氏の出身者にかえられていたので、斎部広成はそれをもとに返せといい猿女君氏のために弁じているのです。そうしますと毎年十一月天皇のために鎮魂の祭りが行なわれ、それが天鈿女命を祖先とする猿女君出身の御巫によって奉仕されていたというわけです。そこで天岩戸の話というのもその家に伝えられたもので、結局は鎮魂祭の縁起に外ならないだろうということになります。この説はいかにも尤もなところがあり、新しい学説として承認されました。

鎮魂祭は離遊する魂をよびもどして、しっかりと身体の中府にとどめるための祭りです。ただ記録によるとそれは天皇・皇太子など数人にかぎって十一月に行なわれる年中行事であるところが問題です。それでこれは天皇の本質を太陽と見るところから、太陽の光がようやく薄れ行く十一月は、天皇の魂もまた弱まって行くものとみて、これを回復するために行なわれると解釈されています。……天岩戸の話は太陽がかくれたのを回復したことで、丁度よくこの鎮魂祭の説明にも合うことになります。ですから古語拾遺のいうところが正しいことになりましょう。……日本神話がくみたてられたころは猿女君氏がまだ勢力があり鎮魂祭の御巫を奉仕していて、その家に伝える話をいきいきと物語っていたことでしょう。古事記を誦習した稗田阿礼というものもこの猿女君氏と深い関係にあったもののようです。

天の岩戸神話

話を進める便利のために、あまりにも有名な神話ではありますが、天の岩戸の物語を、かいつまんでつぎにしるしておきましょう。

アマテラスが高天原で機《はた》を織っていると、アマテラスの弟のスサノオが、機を織っている建物の中に、皮をはぎとった馬を投げこみました。アマテラスは、はらをたてて天の石屋戸《いわやど》（岩窟の戸）をひらいてその中にこもり、岩戸をたててしまいました。そうすると、高天原も地上もまっくらになり、いろいろの災いがおこりました。

そこで、八百万《やおよろず》のカミガミが天《あめ》の安《やす》の河原《かわら》で集会をひらいて、アマテラスに岩戸の外へ出てもらうための工夫を相談しました。そして、天《あめ》の香山《かぐやま》の賢木《さかき》を根から掘りおこして岩戸の前に立て、上の枝に玉をとりつけ、中の枝に八咫《やた》の鏡《かがみ》をかけ、天児屋根《あめのこやね》（藤原氏の先祖）がその前で祝詞《のりと》を唱えました。

アメノウズメは、まさきの葛《かずら》を頭にまき、笹を手にもって、空《から》の桶《おけ》を伏せた上にあがってさかんに舞踊をしました。カミがかりして、胸をかきひらき、乳を出し、着物の紐は陰部の下におしさげておどりましたので、とりまいたカミガミは大笑いをしました。

そこで、アマテラスは怪しいと思い、岩戸を細めにあけて外をのぞきました。そこをすかさず手力男《たぢからお》が戸をおしあけて、アマテラスの手をとって外にひきだしました。そこで、高天原も地上もふたたびあかるくなりました。

桶をふせてその上で舞踊をする所作は、猿女君が毎年十一月に宮廷で、鎮魂祭のとき実演していたものでした。宇治土公氏は、おそらく宇治においても、毎年鼓ケ岳の賢木を根こじにしては、それに鏡や玉をかけて、その前でみずから祝詞を述べ、そして氏の娘に桶の上で踊りをさせていたのでしょう。それは太陽の威力のおとろえた冬のさなかに、太陽霊の復活をいのるために、定期的な行事として毎年やっていたにちがいありません。太陽霊を復活させて、そのトーテムの霊魂《スピリット》を氏の人びとの身につけることによって、生命の甦生をねがったのです。

巫女がストリップをやるのは、男性である太陽を刺激して感奮興起させ、元気を出させるためです。太陽霊を復活させるためのマジックでした。ウズメが、天の岩戸でストリップをしたのは、見物するカミガミを笑わせるためではなくて、男性であるアマテラスを挑発するためだったのです。

ウズメや猿女は、もともと宇治土公氏が五十鈴川ばたで、太陽神の妻としてさしだしていた棚機《たなばた》つ女《め》であったのだ、といわなければなりません。

ところで、そういうことになれば、宇治土公氏が毎年の冬にやっていた太陽の復活祭は、当然、伊勢・志摩地域に現存する民俗信仰の中にそのなごりが残されていなければなりません。さがしてみますと、実にそれはりっぱに残っているのです。

ゲーター祭　伊勢湾口の孤島・神島の海岸で、元日の未明に行なわれる行事。“日の御像”（太陽をかたどった木の輪）を女竹で天高く突きあげ、太陽の生命力の甦生をはかる。

ゲーター祭

伊勢湾の入口に神島《かみしま》という孤島があります。もともと志摩国に属しているので、いまは鳥羽市の中に含まれていますが、どちらかというと志摩半島よりは愛知県の渥美半島に近い島です。ここは孤島ですので、古い風習がたくさん残されています。

この島では毎年旧暦正月の元旦、まだくらいうちに東の空を仰ぎながら行なう太陽霊の復活祭があります。それはゲーター祭とよばれるもので、グミの木を編んでつくった直径六尺の輪

（白布または白紙を巻いてある）を空高くさしあげる行事なのです。この大きなグミの輪を、大勢の村びとたちがめいめいに手にもった女竹のさきで空中たかくさしあげて気勢をあげます。このグミの輪は日輪をかたどったもので〝日《ひ》の御像《みかた》〟とよばれている太陽のシンボルです。村びとは、手にした竹で猛烈なたたきあいを、かなり長い時間をかけて演じ、最後にこの日輪を氏神の社に奉納します。

このゲーター祭は、あきらかに太陽霊の復活を祈るまつりです。太陽のスピリットを激励して、活力を甦生させようとする行為です。グミの日輪は、神話の中の天の岩戸にかくれたアマテラスと同一の意味をもつ太陽のシンボルにほかなりません。

だいたい天の岩戸神話では、太陽のシンボルが二つ重なっています。サカキにかけた八咫の鏡が丸く、太陽を象徴していますから、本来アマテラスのたましいは、この木と鏡によりついているはずなのです。だからこそ、この鏡が後にアマテラスから孫のニニギに手渡されて、「これを私と思ってまつれ」といわれるわけなのです。ですから、ほんとうはウズメは、このサカキにかけられた鏡に向かって復活のいのりをすればよかったはずです。それが本来的な神事であるべきです。しかるに、神話にはもう一つ、岩戸にかくれたアマテラスが外にひきだされるという、追加された物語があります。しかしそれは、話を景気づけるための副次的な演出にすぎません。

神島のゲーター祭のときには、本来的な行事とみなされるものに、東にのぞんだ海岸に神聖なまつり木を立て、さしのぼる朝日を礼拝する行為があります。そして、にぎやかな景気づけの、副次的な演出として、日輪のつくりものを空中にあげる、という演技が行なわれているわけです。

天の岩戸にかくれたアマテラスをひきだすというアイディアは、ゲーター祭に日輪を空中に〝出《だ》〟す演出と同一のものです。ただちがうのは、後者はグミの輪を人格化せずに、太陽のスピリットのよりつくものとみなしていて、ひどく古めかしく素朴な感覚が保存されているのに対して、前者は太陽のスピリットを人格化して表現し、話がひどく合理化され、新感覚で処理されているという点です。〝日の御像〟を出すのと、人格神アマテラスを出すのとでは、あとのほうがあたらしい話であることは一目瞭然だといわなければなりません。

このようにして、ゲーター祭は、たしかに冬の太陽霊復活祭の古いしきたりを保存しています。それは、天の岩戸神話と同類の行事であり、それよりももっと素朴で古めかしいものでした。伊勢の宇治においても、神島のゲーター祭、日輪を空にあげるというような行事を行なっていたむかしがあったのかもしれません。

要するに、天の岩戸神話の主人公であるアマテラスとは、真冬に、おとろえた活力の復活祭を、南伊勢の村びとによってしてもらう、太陽のスピリットにすぎなかったのです。その太陽霊を人格化してよんだものにすぎないのです。太陽神が女性とみなされたのは、それをまつる司祭者が、ウズメのような女性だったからでした。太陽霊を擬人化するのには、そのカミ妻をモデルにするのが便利だったからです。結局のところ、アマテラスを簡単に説明するならば、それは真冬にまつられる太陽のスピリットを擬人化したもの、といわなければなりません。

高木のカミ

古典のものがたるところによれば、アマテラスは高木《たかぎ》のカミの巫女なのです。高木のカミとは、とりもなおさずツキサカキ＝心《しん》の御柱《みはしら》（忌み柱）によりつく太陽霊のことであったことは、もはや説明を要しないでしょう。古典の中のアマテラスは、天孫降臨とか国譲りなど、なにか重大な政治的決意をする必要に迫られたときには、かならず高木のカミに教えを乞うています。女性アマテラスが、男性たる高木のカミのカミ妻であった証拠です。アマテラスは、高木のカミにカミがかりしてもらって、高木のカミの託宣を乞うていたのです。

カミとカミをまつるものとは、ついには同一視されます。だからしまいには、高木のカミとアマテラスとの区別はつかなくなってしまい、一つの神格とみなされるまでになりました。それを示す史料をあげてみましょう。神武天皇の東征のとき、八咫烏《やたがらす》を派遣して天皇のピンチを救ったカミを、『古事記』は高木のカミといい、『日本書紀』はアマテラスだといっています。そこでは、高木のカミ、すなわちアマテラスにまで進んでいる状態がうかがわれます。

神体の変遷のプロセスにおいて、ツキサカキ＝忌み柱＝高木が、カミとしての主体性を、あらたに木にかけられた鏡に移そうとしたときに、高木のカミは巫女アマテラスの口をついて、「この鏡をわたしと思え」と託宣する可能性は非常に濃いのです。これが、神鏡を理解するためのポイントでしょう。

ついでながら、ここで木と鏡（太陽のシンボル）と巫女との関係について、もう少し立ち入って観察しておくことにしましょう。

輪じめなわ

観光地としてなだかい二見《ふたみ》の浦《うら》の事例を引用しましょう。

輪じめなわ　夫婦岩のそばの二見興玉神社では、信者に輪じめなわをわかち人々はこれを沖の神（興玉＝沖魂）に捧げる。輪じめなわは、しめなわを巻き太陽をかたどったもの。

太陽霊にとっては、よりつくものは、なにも鏡でなければならないというものではなかったのです。丸いものならば、太陽のシンボルとして結構まにあったのでした。

二見の浦は、太陽霊の復活を祈る聖地であったので、伊勢参宮の人びとはその清《きよ》なぎさで垢離《こり》をかいて、太陽のスピリットをわが身につけました。〝垢離かき〟とは、海の中に身をひたして、いわゆる禊《みそぎ》をすることです。二見の浦の、いま二見興玉《おきたま》神社のある夫婦岩《みようといわ》の海辺が、むかしから垢離かき場として名高く、参宮道者はみなここで裸になって海にひたったものでした。

二見興玉神社は、後世にほかの場所から移して建てられたもので、江戸時代にはなかったのです。そのかわりに、そこには神木である一本のサカキがあり、その木にはしめなわを円形に巻いた〝輪じめなわ〟の大型のものがかけてありました。この垢離かき場は二見の浦の江村《えむら》の経営であったので、いまでも村の会所《かいしょ》には、そのような〝輪じめなわ〟をかけた神木の描かれた垢離かき場の絵図が残されています。

しめなわを丸くむすんでサカキにかけるとは、なんという素朴な太陽のシンボルでしょう。海の彼方から、太陽船《ぶね》に乗ってこの清なぎさにおとずれてくる太陽のたましいは、二見の浦の巫女にカミがかりして、「この輪じめなわを私と思ってまつれ」といったかもしれません。

いまでも二見興玉神社では、参詣者のもとめに応じて、小型の輪じめなわを与えています。人びとが個人的にこの小型の輪じめなわを購って、神前に捧げている姿をみかけることができます。この二見の輪じめなわが、神島のグミの木でつくった日輪とおなじように、太陽のシンボルであることは、一見して判断できるといわなければなりません。神島の場合は村の共同祭祀の目標となったのに対して、ここでは個人祭祀の手段にされているだけの違いはありますが、そのシンボルとしての意味はおなじです。参宮客が、垢離をかくことによって太陽の若々しいスピリットをじぶんの身に分け与えられることをねがうための、祈りのシンボルであったのでした。

皇大神宮においてすら、御笠縫内人の捧げもつ円形の笠が、太陽のシンボルとして日まつりの目じるしになりえているのですから、〝輪じめなわ〟や、グミの木の日輪が、日の御像《みかた》（太陽のスピリットのよりつくもの）と考えられたのには、すこしもふしぎはないのです。

木と鏡

アマテラスが、「この鏡を私と思ってまつれ」といったのは、神体の変遷史を考えたとき、はじめて意味のわかることばです。

アマテラスは、はじめ、サカキによりついていたのです。その段階では「サカキの木を私と思ってまつれ」だったのです。

木＝心の御柱にかけた鏡のほうが、木そのもの以上にカミのよりつくものとして重くみられるようになったとき、木によりついた太陽霊（高木のカミ＝アマテラス）は、巫女の口をついて、「この鏡を私と思ってまつれ」と口ばしらせたことでしょう。

皇大神宮の別宮の伊雑宮の森には、巨大なクスがそびえ立っています。この木は、カガミクス（鏡樟）とよばれています。むかしはこの一本の樹木に、ほんとうに鏡をかけてアマテラスのカミまつりをしていたのかもしれません。あるいは、カミのよりつくこの木は、鏡のかけられている木とおなじ意味のもの、という意識でもって、鏡

を実際はかけずにでも、カガミクスとよんだのかもしれません。いずれにしても、ここでも、木と鏡とは切っても切れない一つの関係なのです。

なお、このような木と鏡との関係は、石と鏡とのあいだがらにもあてはまります。神聖な石の上に鏡をのせてまつる例は、さきに五十鈴川ばたの鏡宮の事例をあげて述べておきました。その鏡が、石からはなされて社殿に格納されるなりゆきは、木から鏡がはずされて社殿に格納されるコースとおなじです。伊勢・志摩には、鏡石《かがみいし》・石《いし》鏡《かがみ》とよばれる神聖な岩石があちこちにあります。

10　天孫降臨とは

アマテラスとサルタヒコは同一のカミです。太陽のスピリットは、毎年梅雨どきに、天から田に天降ってきて、田のカミとなり、稲の生育をみまもりました。そういう田植えまつりの説明譚が天孫降臨の神話なのです。

サルタヒコ

さて、いままでにわたくしは、真冬にまつられる太陽霊が古典の中のアマテラスであることを述べました。そして、そのようなアマテラスは、もともと南伊勢の土豪と民衆の民俗的信仰を基盤にし、それを素材として形が整えられたものであることを解説しました。

ところで太陽霊は、真冬のほかにも、一年のうちもう一度、人びとに手厚くまつられるのです。それは梅雨どきです。

その季節は、草木がおいしげり、地上に生命力がみなぎって、あざやかな緑の一色におおわれる初夏のころで、ちょうど稲作の田植えどきにあたっていました。その、梅雨が降り田植えの行なわれる季節に、天から田圃《たんぼ》におりてきて、田のカミ、稲の生育をみまもるカミとしてまつられる太陽霊が、古典の中のサルタヒコ（猿田彦）でした。だから太陽霊は、真冬にはアマテラスであり、梅雨どきにはサルタヒコとして、南伊勢の村びとに意識されていたのです。そのようなカミまつりをしていたのは、宇治土公氏の巫女であるウズメ、すなわち猿女なのでした。

そのむかし、高天原から、いまの天皇家の祖先のニニギノミコトが、カミガミをひきいて地上に降ってきたという神話があります。この天孫降臨の神話を伝承し、それを整形して創作したのは、宇治土公・猿女君です。宇治土公と猿女君は、折口信夫博士の説かれるところによれば一つの家すじで、男系を宇治土公といい、女系を猿女君とよんだものでした。

むかし、五十鈴の川上の宇治・楠部の村では、村の土豪が農業共同体を代表してカミをまつっていました。その男性の司祭者が宇治土公で、女性の司祭者が猿女君とよばれました。そして猿女は、伊勢の海部が魚貝の貢上にそえて寿詞《よごと》・寿歌《ほぎうた》をたてまつるために朝廷に出向く、その縁故によって、七世紀の終わりごろには大和の宮廷のカミまつりの役目をつとめていました。この人たちの日まつりが、天の岩戸の神話になったくらいですから、日本の支配者のはじまりを説く天孫降臨の神話に彼女らが登場しないはずはありません。

神話によれば、アマテラスの孫のニニギが日本の地上のあるじとなるために高天原から降ってくるといううわさをきいて、さっそく天と地のあいだの途中まで迎えにできた地上のカミがサルタヒコです。そして、彼は宇治土公の始祖なのです。このサルタヒコをあやしいと思って、応対して問答したのが、ニニギにつき従っていた天宇《あめのう》受売《ずめ》でした。彼女は、猿女君の始祖です。

ニニギはウズメに、「サルタヒコの大神を『顕《あら》わし申せし』はおまえだから、送ってさしあげなさい(『送り奉れ』)」といっています。この『古事記』のことばから察すると、サルタヒコとは、天孫ニニギさえ敬語を使っていいあらわすほどの、意外に尊いカミなのでした。「顕わし」たという表現から察すると、猿女(ウズメ)がカミがかりしてまつっていたカミの名がサルタヒコであったことは確かです。そして、こういうサルタヒコのカミは、じぶんたちの氏のカミ(氏の守護神)ですから、やがて系譜のうえで、じぶんの家の男系である宇治土公氏の始祖のカミ(氏神)にされていったのでした。

ところが、さきに述べたように、天の岩戸神話を分析して観察すると、猿女君がまつったのはあきらかに太陽霊なるアマテラスで、猿女はそのカミ妻でした。しかるに、天孫降臨神話から察すると、猿女君のまつるカミは太陽霊たるアマテラスではなくて、サルタヒコだということになります。

これは、ちょっとみるとずいぶん矛盾しているようですが、実はすこしも矛盾していなかったのです。なぜならば、アマテラスとサルタヒコとは名がちがっていても、実は一つのものだったからです。それは、おなじ一つの太陽霊だったのです。その一つの太陽霊が、真冬に復活祭をうけるときには天の岩戸のアマテラスとなり、そのカミが初夏のころ、民衆の願いにこたえて田植えのまつりをうけ、田を支配して稲の生育をみまもるために天から地上の田に降りてきたときにはサルタヒコであったのです。だから、猿女がアマテラスとサルタヒコの両方のカミ妻であるのは当然で、そうなくてはならなかったのです。

サルタヒコが太陽そのものであることは、『古事記』にかれの姿を「天《あめ》の八衢《やちまた》に居《い》て、上《かみ》は高天《たかま》の原を光《てら》し、下《しも》は葦原中国《あしはらのなかつくに》を光《てら》す神」と表現されていることによっても知られます。

宇治土公の祖先には太田命《おおたの》・神田命《かんだの》という名のカミがありますが、そのカミの名の「田」という文字に「猿」という文字を加えて表現したものが「猿田彦」です。折口博士は「猿女君のさるも、昔を持ち来す巫女としての職名であったのではないか」といわれ、〝さる〟ということばは、カミの再生（甦生・みあれ）を意味する〝をつ〟ということばと同義語に近かった、とみなしておられます。

サルタヒコは宇治土公の系図の中では、その祖先の太田命のうえに加えられて、宇治土公氏の始祖とされているのですが、『倭姫命世記』や『住吉大社神代記』をつきあわせて考えてみますと、当然のことながらサルタヒコというカミの名は、宇治土公の家系の中でいちばん最後にとってつけ加えられたものなのです。

『万葉集』に、「冬ごもり、春さり来れば……」という歌があるように、〝さる〟ということばには、やってくる、という意味があります。サルタヒコという名には、田に訪れてくる太陽のたましい、という意味があるわけです。サルタヒコという名は、太田命や神田命という宇治土公の祖先の名と近似した意味のものでしょう。つまり、田に天上から降臨し、〝みあれ〟する男ガミ（日子《ひこ》）というくらいの意味でしょう。農耕にいそしむ宇治土公の人たちの生活の中で、天から田に天つカミ＝太陽霊が降りてきて、早乙女《さおとめ》である宇治土公の女性たち、つまり猿女たちのまつりをうけていた状態をいいあらわしたのが、サルタヒコというカミの名であったわけです。

朝熊神社（朝熊水神）の巫女を神格化した鹿海神社のカミ、稲依姫《いなよりひめ》は、早乙女である、と伝承されています。

猿女には、カミの〝みあれ〟を助けるカミ妻という意味がありました。太陽霊たる天つカミは、冬の鎮魂祭《たまふり》において、カミ妻たる猿女たちによってその生命力・活動力の復活を激励され、その充実した活力をもって田植えどきに水田に降臨したのでした。そして、田の守護霊となって、その生命力をおおいに発揮して稲の生長を促し、南伊勢の地上の人びとの期待にこたえたのでした。

田植えまつり

自然現象の猛威におびやかされながら稲作を行なった古代人にとって、天空現象の順調であることが生活の中の最大のねがいなのでした。それは村々の共同体のねがいであったので、全国の村々をうちしたがえた天皇家のねがいも、天空現象の順調ということにしぼられていきます。天皇家が、毎年全国のおもだったカミガミに贈りものをし、祈年《としごい》のまつりをして「悪しき風、荒き水」のないように祈ったのは、古代帝王がその地位を保つためには、第一にしなければならない民政であったからです。

冬のさなかに枯死に瀕した太陽霊の復活を祈り、同時に人間もまた、その再生した太陽の生命力を分け与えられることを祈るのが、日本の民衆の正月行事の真髄でした。宮廷の鎮魂祭も、実はこの正月行事の一環なのでした。

そして、冬に復活した太陽から、一年分の生命力をわけ与えられた人間は、じぶんたちが食べて生きなければならない稲米の生育を確実にするために、田にむかって太陽霊の降臨することを祈りました。それゆえに、田植えまつりは日本のどこでもさかんに行なわれ、いまでも各地にめずらしい風習を残しています。伊勢神宮でも、宇治土公・猿女君のふるさとの楠部村において毎年の初夏に、皇大神宮の神田の田植えまつりが古い風俗を伝えていまも行なわれています。また、宇治にある猿田彦神社(宮司は宇治土公氏)でも、さかんな田植えまつりが古式に従って行なわれています。

元来、日本の風習では、田植えの行為は、そのまま田植えまつりでした。いまでは特に儀礼としてととのえられ保存された田植えまつりだけが人目をひくようになっていますが、古くはすべての田で、田植えを行なう行事そのものが、田に降臨するカミのまつりの行為そのものと意識されていたようです。田植えに従事する早男《さおとこ》は田に降臨するカミの身がわりであり、早乙女《さおとめ》はそのカミ妻だ、という意識をもって、田植えは行なわれました。

田植えのときに、サルタヒコ＝太陽霊が田に降臨する状態をあきらかに知ることができる実例は、皇大神宮の別宮の伊《い》雑《ざわ》宮で行なわれる田植えまつりに、もっとも歴然として残されています。そのあらましを紹介しましょう。

伊雑宮　伊雑浦の奥、沢に臨んだ台地の広大な森にある。7世紀にはワカヒルメ、8世紀以後はアマテラスと玉柱屋姫をまつる、独立性の強い皇大神宮の別宮。

田のなかの柱

伊雑宮は、志摩半島のリアス式海岸の奥深く、かなりまとまった水田地帯の中にあります。丘陵のふちにいとなまれた広大な森の中に、あまり大きくはない社殿が建てられています。

伊雑宮には、アマテラスと玉柱屋姫《たまはしらやひめ》とがまつられています。玉柱屋姫は、アマテラスのカミ妻（棚機つ女《たなばたつめ》）であったのでしょう（この神社の付近には、七夕伝説《たなばた》にちなんだ神社や岩があります）。元来、玉姫とは、カミのたましいのよりつく日の妻《ひめ》という意味ですが、玉柱屋姫ということになると、この玉姫は柱屋、つまり柱によりついた男ガミをまつっていた日の妻であった、ということになります。伊雑宮の祭神の玉柱屋姫は、太陽神アマテラスのカミ妻たる巫女で、柱によりついたアマテラスをまつっていたのでした。

伊雑宮の森の前には、四角に区切られた神田があり、そこで新暦六月に、伊雑宮の田植えまつりが行なわれます。その神田には、皮つきのままの丸太を組んでつくった鳥居《とりい》と、それから、二本くっつけてならべて立てた丸柱が、田の両端のあぜの中央正面に立ててあります。その配置関係は、鳥居から田をこえて二本の柱を礼拝できるような位置に立てられているのです。

このような二本の柱のもつ意味は、実に重大であると思われます。いまでは村びとは、柱のもつ意味を忘れているようですが、この柱はあきらかに忌《い》み柱《ばしら》であるといわなければなりません。皇大神宮の心《しん》の御柱《みはしら》や、賀茂の〝御蔭木《みあれぎ》〟にあたる柱です。

この柱は、いわば、古典にみえる〝天《あめ》の御柱《みはしら》〟にあたるもの、つまり、天と地とをむすんで、カミの昇降のかけはしとしたもので、「柱屋」ということばが象徴しているように、このような柱が現在の神社の前身にあたるものなのです。いまの、いわゆる神社というものの前身は、一本または二本、四本の柱をカミまつりの聖地に立てて、その柱にカミの降臨をねがった風習にはじまっているのです。そのなごりとして、たとえば長野県の諏訪大社では、いまもいちばんだいじなまつりとして柱立て神事が行なわれています。

伊雑宮の柱がカミのよりつく木であることは、皇大神宮や猿田彦神社の神田の施設とみくらべてみるとはっきりします。伊雑宮の神田の柱のある位置に、皇大神宮の神田の場合はちょっとした樹叢がいとなまれており、猿田彦神社の場合には一本のサカキが植えられていて、カミまつりの目標にされています。他の神田では、木むらや一本の地上に生育するサカキであるのに対して、伊雑宮の神田では、それらの進化した形式としての二本の丸柱が、おなじ位置に立てられていたのでした。

翳　伊雑宮の田植えまつりにたてる。上には日月と蓬萊山、下には神宮の紋どころ「太一」をつけた太陽船が伊雑宮へ向かうさまが描かれている。

太陽のシンボル

伊雑宮の田植えまつりの当日には、この柱に、長さ三丈ほどの一本の太い青竹が縛りつけられて立てられます。この竹の上のほうには翳《さしば》がつけられます（翳とは、貴人の顔が他人からみえぬようにさしかざす、大うちわの恰好をしたものです）。

この翳のもつ意味は重大です。翳は、上・下二つほどつけてありますが、上の丸いものには松・竹・梅と鶴・亀、および日・月が描きこまれ、下のハート形のものには帆かけ舟が描かれています。

上の翳の絵の中で、ことにふかい意味の認められるのは、日・月を描きあらわしている点でしょう。松竹梅と鶴亀は蓬萊山《ほうらいさん》をかたどった縁起ものです。上の翳が丸い形をしているということ自体が、すでに太陽霊のよりつくものであることを意味していると判断されますが、もっとはっきり太陽の姿がそれに描きこまれているのです。

下の翳に描かれている帆かけ舟は、伊勢神宮のカミの舟です。帆に「太一」という文字が大きく書かれていますが、これは伊勢神宮の紋どころなのです。舟は御船《みふね》とよばれて、それは帆に風をいっぱいはらんで、伊雑宮にむかって進んでいるように描かれています。この翳が、竹にとりつけられて神田に立てられたとき、舟が伊雑宮をめざしているように注意して描かれるのです。

舟がその上に太陽をのせて陸地をめざして訪れるという太陽船の信仰は、東南アジアにひろくみられる信仰であり、そしてまたそれは日本でも古墳時代にはあきらかに信じられていました。そのことは、古墳の壁画にそのような太陽をのせた船、つまり太陽船が描かれていることでわかります。伊雑宮の田植えまつりの翳は、そのような太陽船の信仰の所産でした。

カミの乗った舟は、古くは海の彼方から陸地にむかって海上を走って訪れてくると信じられていましたが、やがてその舟は、天から地上に天降ってくるものと信じられるようになりました。伊雑宮の翳と柱とには、そのような信仰の両方の時期の感覚が残されています。村びとはいまでも、御船は太平洋の彼方から入江を通りぬけて伊雑宮に訪れてくるものと意識しています。

日本の古い信仰の移りかわりの中では、カミのすみかは〝海《あま》から天《あま》へ〟と変化していったと折口博士は説かれました。そのような変化は、大和においては六世紀の半ばごろ進行したとわたくしは思っています（そのころから天皇の名に「天」という文字が付けられるようになることから、天つカミ信仰の確立が推定されるのです）。

伊勢神宮のカミガミも、たとえば皇大神宮のカミ、伊雑宮のカミなど、いずれもそのような〝海から天へ〟の信仰変遷を経験しています。つまり、天つカミとしてのプレ＝皇大神宮の段階の前には、海の彼方から寄りくるカミ（常世《とこよ》のカミ）としてのプレ＝皇大神宮の段階であったのです。


要するに翳や柱は、太陽のスピリットが天から（もっとむかしには海の彼方から）田にやってきて、そしてよりつく、カミの座であったのです。田植えの開始にさきだって、この翳のつけられた竹を田の中にむけて四、五回あおるしぐさをしますが、それはカミに田の中に降りたってもらうためのしぐさなのでしょう。

このようにみてきますと、伊雑宮の田植えの神事にも、木と太陽とその巫女（玉柱屋姫、さおとめ）という三つの道具だてが、きちんと揃っていることがわかります。そして、真冬の太陽霊復活祭も、田植えの際の太陽霊降臨祭も、まことにおなじ趣向の、同根の行事であることが確認できるのです。

伊勢・志摩地域のおもだったまつりを調べてみますと、それはたいてい正月と梅雨どきに集中していることがわかります。そして、それらのまつりが、カミの〝みあれ〟を迎えるまつりであったことは、それらの神事が、しきりに水に潜ったり、水を尊重したり、太陽を拝礼したりするエレメントを含んでいることによって、うかがわれるのです。

わたくしたちは、このような民俗学の方法を援用することによって、宮廷神話の中のアマテラスとサルタヒコとを分析して比較してみた結果、それがもともと一つの、同根のカミであることをつきとめることができました。そして、そのような神話の原型が、南伊勢地方の土俗的信仰の中にあったことを知りました。

荒木田氏と太陽神

神話の中にみられる撞賢木《つきさかき》・御蔭木《みあれぎ》の信仰は、伊勢・志摩ではきわめてひろくみられる民俗信仰です。志摩半島では、正月二日に、農民は一区切りの田ごとに一本のサカキの木を田圃《たんぼ》にさして、カミを招きまつります。これは、お田植えまつりのカミの木（柱）にあたるものを、正月にもう一度まつっている風習だ、ということができましょう。皇大神宮の禰宜の家すじの名を荒木田《あらきだ》といいますが、この氏の名も、このような正月や田植えどきに、田に立ててまつるカミの木に由来しているのでした。

荒木田氏のふるさとは、外城田《ときだ》川の流域です。そこにはいまも、その氏ガミの神社や氏寺があります。この氏は、住んでいる場所が内陸ですから、純粋な農民の首長であったと思われます。しかし荒木田氏も、もともとは宇治土公氏とおなじように、伊勢の国造の度会氏の支配下に属していて、氏の守護神としてイセの大神をまつっていました。そして、氏の娘をそのカミ妻にさしだしていました。その家系に、川姫とよばれる〝棚機つ女〟がいたことは、前にも述べておいたことです。彼女は、実は、外城田川に〝みあれ〟するイセの大神をまつっていたのでしょう。大神之御蔭川神《おおかみのみかげかわのかみ》（みあれ）とよばれるカミが、外城田川の流域の三つの神社にまつられているのはそのためです。

外城田川の流域はたいへん豊かな水田地帯ですから、この氏はやがてしだいに実力をかためて、南伊勢地方では度会氏につぐ有力な土豪となりました。彼らは、広大な田を新たに開墾（新墾田《あらきだ》）して皇大神宮に献上した、という伝承をもっています。そのために、氏の名を荒木田とよぶようになったと称しています（「あらく」とは開墾の意）。けれども、わたくしは、荒木田の氏の名のおこりは開墾という意味ではなくて、もっと別なところにあると思います。

荒木田とは、御《み》蔭木《あれぎ》の立っている田という意味だと思います。伊雑宮のお神田《みた》の話を思いだしていただいたらわかることですが、荒木田氏の人たちも太陽霊＝イセの大神を田に招きおろして、田のカミとしてまつっていたのでしょう。神田に立てられた忌み柱や撞賢木《つきさかき》などとよばれるカミの木を、荒木《あれき》(あらき)とよんだのでしょう。

荒木という名称は、カミのみあれ木を意味しています。さきに『延喜式神名帳』の中から荒木神社という、木をまつる神社のあったことを例示しておきましたが、そのことでもわかるように、荒木の「荒」は、「蔭《あれ》」「生《あれ》」と同じ意味の文字で、カミのみあれを意味する、カミまつりのための用語であったのです（『倭姫命世記』にみえる荒木田氏の家系の人、大荒命は、『宝基《ほうき》本記《ほんぎ》』に大阿《おおあ》礼《れ》命と書かれています）。

川にみあれするイセの大神は太陽霊ですから、荒木田氏もほかの磯部らとおなじように、太陽をトーテムとしていたのです。荒木田氏が氏の祖先をまつるのに、毎年ふるさとの外城田川すじにそびえたっている大日山の山ふところ深くわけいって祭祀を行なっていることや、氏寺に大日如来をまつっていることも、彼らと太陽霊との関係の深さを思わせます。

神話の具象化

天皇家のアマテラスを、宇治に神社をつくってまでまつらせることになったのは、南伊勢の海部《あまべ》（磯部・伊勢部）の中でも、とりわけ猿女君と宇治土公の、天皇家に対するはたらきかけがみごとに功を奏したからです。宇治に皇大神宮を鎮祭したという事実は、彼らの天皇家に対する信仰的なはたらきかけの成果でした。

ところで、このようなアマテラス神話や皇大神宮の成立説話を、宮廷において創作した人、およびその創作態度というものは、そのまますさきに述べたヤマトタケルの草薙の剣の説話を創作した人とその態度に共通していたのでした。

猿女君にとってみれば、文武二年（六九八）に皇大神宮が宇治に鎮祭されたという事実は、悠久の太古のできごとに似て感じられました。天皇家のアマテラスが、現に宇治にいる、という現実はカミわざなのですから、それは遠いむかしのカミガミの約束ごとでした。文武二年成立という実年代を無視して黙殺し、史実を垂仁天皇のむかしにさかのぼらせるぐらいのことは、彼女らにとっては朝めしまえの改作でした。それは宗教的幻想の中で、いとも軽やかに数百年も前のできごととしてさかのぼらせて、ものがたられてしまったのでした。

猿女君の幻想は天皇家にとっても好もしいものでしたから、この物語はよろこんでうけいれられて、正史に堂々と収められました。その記述に際しては、当然のことですが、多少の破綻をともなった記事になってしまいましたけれども――。

破綻というのは、繰り返していうようですが、その一つは、『日本書紀』の垂仁天皇の条の中で、伊勢に遷座したアマテラスの記事につけ加えて、「則ち天照大神の始めて天より降ります処なり」といっていることですし、またその二つは、神功皇后の三韓出兵の条に、五十鈴の川上にいるツキサカキのカミというプレ＝皇大神宮のカミを、あからさまに登場させてしまっていることなどです。

だいたい、七世紀の終わりから八世紀のはじめのころは、天武と持統のふたりの天皇の意志によって、『古事記』『日本書紀』を述作するための材料が集められ、整理され、組み立てられなどしていた時期です。ですから、『古事記』や『日本書紀』にすでにはっきりその位置を与えられることになった説話については、それを具象化して、地上に実存する具体的な、視覚に訴えうるものを創設する必要のあったときなのでしょう。それはもちろん、天皇の権威を人びとに認識させるために必要な仕事であったのです。そしてまたそれは、やがて編集を終わって世にでるはずの『古事記』『日本書紀』のためにも、その中味の真実性を立証し、人びとに納得せしめる事実として、あらかじめ用意しておく必要のある準備でもあったのでしょう。

文武天皇の慶雲二年（七〇五）九月には、『続日本紀』によれば「八咫烏《やたがらす》の社を大倭《やまと》の国宇多《うた》の郡に置いて、これを祭る」とあります。この記事は、この年の直前に神武天皇の八咫烏伝説というものが形を整えられて、正史の中に大きくその位置を与えられることに決まったので、急いでその説話の具象化を行なった、そのあらわれにちがいありません。「八咫烏伝説、つまり神武天皇の大和侵入の説話というものは、これこのとおり、八咫烏神社が厳存しているほどに、真実性のある歴史なのだ」という主張を秘めた八咫烏神社の創設であったのでしょう。そうでもなければ、天皇政府が、宇多のいなかに忽然として八咫烏神社をつくるわけがないではありませんか。

八咫烏神社の創設は、創作された神武天皇東征説話が確定した結果、その話の中に八咫烏が天皇を案内して大和盆地に攻めこんだというめでたい話がもりこまれているので、この鳥のカミを国家の力で顕彰する必要を感じてやった仕事にちがいありません。

大和の宮廷の立場にたってみるならば、皇大神宮の設立は、実はこの八咫烏の社の設立とおなじケースの事業であったのでしょう。まず天皇家が、その神権的絶対性を家系の上に確立して『古事記』『日本書紀』を編集しようと決意します。そこでその意をうけた猿女君らが、アマテラス神話を創作します。そうすると、すぐそれをおいかけるように、アマテラスの具象化をはからなければならなかったのです。だからこそ、高天原の天の岩戸神話や天孫降臨神話を創作する仕事に、宮廷で直接たずさわっていた猿女君の、そのふるさとの宇治に、皇大神宮がひきよせられて創設されたのでした。そして、猿女のふるさとにおける一族である宇治土公氏が、その司祭者に任ぜられたのでした。

皇大神宮を創設する大和の宮廷の政策的な意図とは、あらましこのようなものであったのでしょう。

11 ヤマトタケルの悲劇

日本神話を宮廷で創作した人は、南伊勢出身の猿女でした。創作させた人は持統天皇です。皇大神宮が五十鈴川のほとりに創設されたのは、そこが、アマテラス神話をつくった猿女のふるさとだったからなのです。『古事記』に語られるヤマトタケルのなげきとは、伊勢の海部の没落の挽歌です。

圧迫される土豪たち

このようにして建設された皇大神宮は、天武・持統のふたりの天皇によって築きあげられた絶対的な専制王権の、いわば記念碑なのでした。そしてそれは、後世に向かって天皇制の精神的支柱となるべき、王権のシンボルでもありました。

しかし、これを地元の土豪の立場からみるならば、いかに王権によって伊勢神宮が壮大化され荘厳化されようとも、やはりそれは南伊勢の地面に生いたった一本の樹木や山河によりつくところの地方神であり、地元の土豪と民衆のカミであったのです。それは、明治維新までつづけられた数多くのまつりの中に、プレ＝皇大神宮の段階を示すさまざまな神事や風習が、丁寧に温存されていることによっても知られます。

大和の朝廷によるこのような天皇制のシンボルの建設は、南伊勢の土豪たちにとって、はたしてよろこび迎えられるべき事業であったのでしょうか。どうも、かならずしもそうではなかったようです。この問いかけに対しては、むしろおそらく、否、という答えがでてくるのではないでしょうか。

皇大神宮を含めた伊勢神宮の建設の陰には、ひそかに悲憤の涙を流す、かつての国造《くにのみやつこ》度会《わたらい》氏がありました。そして驚いたことには、日本神話と皇大神宮の創出に大きな功労のあったはずの宇治土公氏も、度会氏とおなじく、時勢にいれられない悲運の人であったのでした。

みやこにおいては、これらの氏につながっている天語《あまがたりの》連《むらじ》や猿女君も、その宮廷における功績の大きさにもかかわらず、そのころ没落への悲運をかこたなければならない人たちでした。

文武二年（六九八）の皇大神宮設立の当時、そのような情勢があったということを

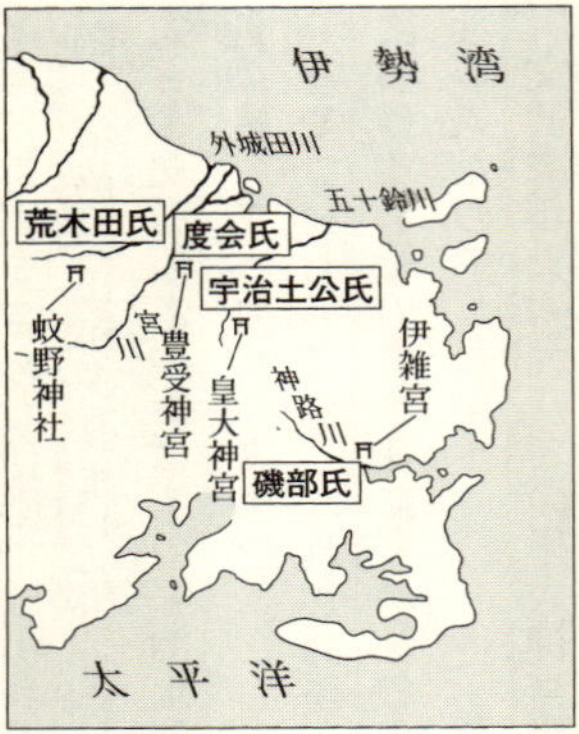

7世紀後半における南伊勢・志摩の土豪割拠図

はっきりさせるために、これから大和の朝廷・天皇家と彼ら南伊勢の土豪らとのつながりを、順序を追いながら観察してみることにしましょう。

南伊勢の地方国家の首長であった度会氏や、その領土の中の五十鈴川すじ集落国家の首長であった宇治土公氏は、そのむかし天皇勢力によってうちしたがえられてから後は、たとえ実質的にはその国家の独立性をながらくもちつづけることができたとはいうものの、それはなみなみならぬ気のつかいようでした。大和の朝廷につきしたがって、無事であるためには、容易ならない心づかいをつづけなければならなかったのです。

天皇家に対する服従のちかいをはっきりさせるためには、彼らはじぶんたちの仲間から、天馳使《あまはせづかい》（海部から仕丁として出されて宮廷の雑役に駆使されるもの）とよばれる宮廷の召使いをさしだして、サービスにつとめなければなりませんでした。それから、じぶんたちの神話と神事舞踊をささげるためには、天語部や猿女をさしだささなければなりませんでした。

遠征

また、彼ら土豪は、その勢力下にある民衆をひきいて、大和朝廷のために朝廷がくわだてる征服戦争の遠征軍に参加しなければなりませんでした。外宮の摂社、草奈伎《くさなぎ》神社の神体の標剣《しるしのつるぎ》にまつわる度会氏の伝承が、それをはっきりとものがたっています。

その伝承によれば、度会氏らが天皇の命令によって越《こし》の国を征伐したというのです。それはおそらく、日本海沿岸部をも含めた東国地方を攻めた、という意味なのでしょう。六、七世紀のころは、東日本の地方国家や村々を、しきりに大和朝廷が遠征していた時代です。度会氏らのこのような遠征の体験談は、自然、みやこにおいて、伊勢出身の天語部や猿女らによって宮廷説話の中におりこまれました。ヤマトタケルの東征物語の中には、そのようなエレメントが含まれていると思われます。

そのような南伊勢の海部の、氏族の男女をあげてのいじらしいまでの宮廷に対するサービスも、あんがい宮廷からは冷淡にあしらわれていたのではないかと思われます。なぜなら、征服者たる宮廷の目からみれば、地方土豪たちのそのような奉仕は、服従者の当然のつとめにすぎなかったからです。伊勢の海部が、そのサービスにもかかわらず、存外、冷淡にあつかわれていたという証拠というものは、いくつかひろいあげることができるのです。その一つは、『日本書紀』の景行天皇の条にみえる、つぎのような記事です。

ヤマトタケルが東国を征服して捕虜にした蝦夷《えみし》を、おおぜい伊勢神宮に献上したところ、蝦夷らは礼儀をしらず、昼も夜もやかましく騒々しくするので、カミに対しておそれおおいというので、大和へつれていった——。

この記事は要するに、本当はこういうことだったのでしょう。度会氏にひきいられた伊勢の海部たちは、大和朝廷の指揮する蝦夷遠征軍に動員されて参加し活躍しました。その功績によって、捕虜の蝦夷をわけまえとして、彼ら海部の政治集団（イセの大神）に対して、奴隷にして使うようにと与えられました。それにもかかわらず、まもなく朝廷は彼らから恩賞の蝦夷をとりあげて、大和へつれ去ってしまいました。

— 蝦夷の捕虜に関するこの記事の、信頼性とその解釈のしかたについてもうすこしくわしく述べてみましょう。

もともとヤマトタケルの東征説話は、もちろんつくり話ですけれども、その話に象徴されるような大和朝廷の東国遠征が、しきりに行なわれていたことはたしかです。そして、南伊勢の海部らがその遠征に参加したこともたしかです。それは、度会氏に標剣の伝承があるので、そういいきることができるのです。

七世紀以前のころには、大和盆地の中でも、皇居のあったところは南の端あたりでした。その南大和と東国とを一直線で結んでみますと、南伊勢の山田（外宮のあるところで、度会氏の居住地）はちょうどその線の上にあります。つまり、南伊勢地方は大和朝廷の東国遠征路の直線コースの上に存在しており、しかも伊勢湾の入口にのぞんでいます。そこで大和朝廷は、この場所を重視し、度会氏のひきいる南伊勢の海部を手なずけて、戦争に駆りたて、使役したものと判断されます。ことに、大和の軍勢が伊勢湾を渡るためにも、また東国の海岸を進軍するためにも、伊勢の海部は、海軍として、ぜひおおいに使わなければな

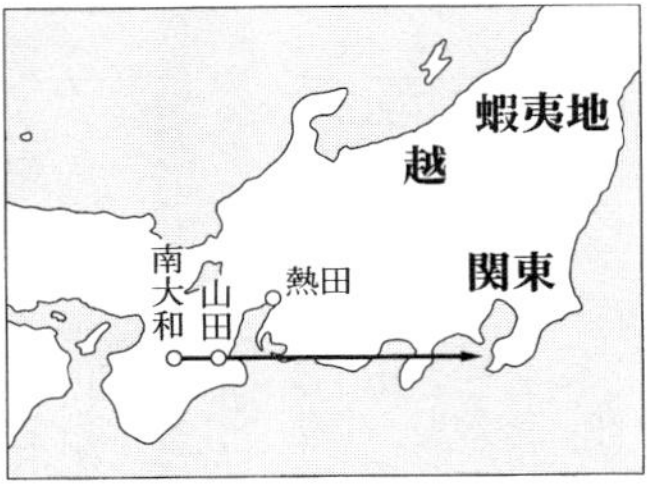

古代東国交通路

らなかったのでしょう。

また文武二年以前には、伊勢神宮とよばれるものはなくて、むかしは独立的な政治団体たる〝イセの大神〟があったのですから、タケルが伊勢神宮に蝦夷を献じたということは、南伊勢の海部集団をひきいる度会氏のクニに、蝦夷をその奴隷として与えたことにほかなりません。そのような奴隷を、理由にならない変な理由で「朝廷に進上《あ》げ」たということは、大和朝廷が奴隷をとりあげてしまったことにほかならないでしょう。


さて、南伊勢の海部の集団〝イセの大神〟が、朝廷によって冷淡にあつかわれたもう一つの証拠をあげなければなりません。これも前に一度、述べておいた話題なのですが、大化の改新の後、イセの大神の神領は二十郷あったのに、天智天皇はそのうち四郷を独立させて一つの郡を新設し、それを公郡として政府の管轄にいれてしまいました。つまりイセの大神はその領土の二十分の四をとりあげられてしまったのです（これは『皇太神宮儀式帳』『大同本記』にあきらかな記事です）。

大化の改新の後、天皇政府は地方政権（国造のクニ）を打倒して、全国を中央政府が直接に把握しようとつとめました。つまり、中央集権の政治体制を確立して、地方政権を抹殺しようとしていたのです。このようなときに、天智天皇がイセの大神の領土を削減したということは、政府が南伊勢のクニの支配に対しても、なんの遠慮や手加減のない強硬措置をとっていた、端的なあらわれということができるでしょう。

巻き返し

このような危機に瀕した南伊勢の政治団体〝イセの大神〟を守って、その独立性を維持し、その政治勢力を温存しようという願いは、南伊勢の住民である磯部たちの共通のねがいであったでしょう。政治的巻き返しの機会をねらっていた彼らは、大海人《おおあま》皇子（天武天皇）が壬申の乱に勝利をおさめて即位したその好機をのがしはしませんでした。

彼らは天武・持統両帝の宮廷に接近し、ふたりの天皇に貢献することによってその好感を得ようと努力したのでしょう。もともと海部に親しみをもっていた天武天皇に対する伊勢の海部のはたらきかけはみごとに功を奏して、大来《おおく》斎王は南伊勢に派遣されて、イセの大神の巫女となりました。

この間、大和のみやこには、南伊勢の磯部（海部）から送りこまれた女性たちの姿がみられました。ことに天武天皇の宮廷においては、度会氏につながる天語部（連《むらじ》）

が、儀礼の場においてさかんに活躍していたと思われます。また、宇治土公氏につながる猿女君も、そのころ天語部とともに活躍し、持統天皇のころには天語連をしのぐほどの、宮廷儀礼の場における花形となっていたのです。

天武・持統両帝のころには、宮廷において、このように天語連をしのぐほどに猿女君が台頭していったのですが、その背後には、彼らのふるさとの南伊勢において、海部たちのあいだに勢力関係の変動がおこっていたのでした。すなわち、度会氏をさしおいて、宇治土公氏が実力をもちはじめていたのです。猿女君の都における活躍は、そのふるさとにおける宇治土公氏の実力の充実を反映していました。

天武・持統朝に、度会氏をさしおいて宇治土公氏が実力を充実させていった状態は、伊雑宮《いざわ》の動向を観察するとたいへんよくわかります。伊雑宮のカミを、その土地でまつっていた土豪は、はじめ度会氏につきしたがっていたのに、このころ鞍がえして、新興の宇治土公氏につきしたがうようになってゆきました。

志摩の磯部というむらにある、伊雑宮の祭神のひとりである玉柱屋姫は、主神（太陽神）のカミ妻（棚機《たなばた》つ女《め》）なのですが、彼女の血統は系譜のうえで度会氏の祖先とおなじカミから出ているとされています。このことは、もともとは伊雑のカミをまつっていた土地の豪族が、伊勢の海部の総帥たる度会氏の勢力下におかれていたことを示しています。

しかるに宇治土公が台頭してくると、その伊雑のカミ（淡郡《あわのこおり》のカミとよばれる）は、プレ＝皇大神宮のツキサカキのカミと非常に親近な関係をもつようになります（『日本書紀』神功皇后条に、この二つのカミがならんで出現してくる）。それは、伊雑の土豪が度会氏の支配下をはなれて、宇治土公氏の勢力下に入っていったことを示している、といわなければなりません。そのような移行の行なわれた時期は、淡郡という地名の使われている点などから判断して、天武朝のころ、または持統朝の前半期のころのこととみなされます。

このようにして、その後、八世紀以後になると、この伊雑宮のカミは昇格してアマテラスとよばれ、皇大神宮の別宮に格付けされます（淡郡のカミ、すなわちワカヒルメとよばれる〝棚機つ女〟が、アマテラスに進化するのです）。

志摩半島における伊雑宮の動向は、かくして度会氏の凋落、宇治土公氏の台頭を、如実に露呈してみせています。南伊勢の海部集団の中で、海部の指導権をめぐる度会氏と宇治土公氏の対決はきびしかったとみなさなければなりません。

海部の敗北

南伊勢の海部集団の中で、旧勢力の度会氏と新興勢力の宇治土公氏とは、海部の指導権をめぐってその力を張りあいました。けれどもとにかく、この二つの土豪は、〃イセの大神〃という共通のはたじるしのもとに結束して、磯部としての共通の利益を守ってきたのでした。そして、海人《あま》たち民衆の利益を守るためには、宮廷に対して進んでサービスにつとめるという苦肉の策すらとったのでした。

けれども、そのような努力も結局は徒労であったといわなければなりません。苦心は無駄であったのです。南伊勢の海部は、中央集権の確立をめざす宮廷の政策の前には、完全な敗北を喫さなければなりませんでした。その敗北とはなんでしょうか。一つは、南伊勢における荒木田氏の興隆であり、もう一つは、中央から南伊勢の現地に官吏を派遣したことです。

それでは、宮廷の政策による荒木田氏の興隆とはいかなることか、多少くわしく述べてみることにしましょう。

荒木田氏は、南伊勢の外城田川すじの農民の首長で、度会氏のひきいる〃イセの大神〃国家に属していたのですが、その肥沃な農業地帯の生産力をバックにして、七世紀末には興隆をとげました。政府は、文武二年の皇大神宮設立の際には、荒木田氏を登用して、皇大神宮の最高の神主《かんぬし》たる禰宜《ねぎ》の地位につけました。そして、皇大神宮を宇治に誘致することに功労のあった宇治土公氏は、大内人《おおうちんど》という第二位の神主たる地位しか与えられなかったのでした。これは台頭する宇治土公氏を、朝廷が抑圧しようとした政策のあらわれだったのでしょう。

荒木田氏はもともと南伊勢の農民なのに、中央政府のカミまつりの家柄として有力な中臣《なかとみ》氏に結びついて、系譜のうえでその一族である、と称えるようにすらなりました。

皇大神宮を宮川すじの度会氏の居住地に建設せずに、度会氏に対抗する宇治土公氏のふるさと、五十鈴の川上にそれを建設したことは、朝廷の立場からすれば、古い国造の家の権力を切りくずす強圧的な政策でした。

アマテラスの母胎たるイセの大神の最高の司祭者は、たびたびくりかえして述べたように度会氏なのです。しかるに朝廷は、政府による伊勢神宮の建設にあたって、この度会氏には朝夕散飯《さば》（食事）のカミたる豊受《とようけ》（とゆけ）のカミをまつらせて外宮《げくう》を設立し、その禰宜の地位を与えました。これは、度会氏の完全な敗北を意味します。また、宇治

外宮　左下の空き地は旧社殿跡。そこには“心の御柱”の覆いが見える。式年遷宮で社殿が隣の敷地に移ったのちも、柱だけはそのまま残される。写真の本殿のすぐ上、木陰に隠れた垣内に御饌殿があり、そこで朝夕、アマテラスと豊受姫が会食すると信じられ、神官がそのつど食事を調進する。

土公氏が、せっかく内宮《ないくう》をそのふるさとに誘致しながら、その最高の司祭者に任命されなかったことは、宇治土公氏の敗北を意味します。

つまり政府は、伊勢の海部を抑圧するために、荒木田氏をにわかに登用したのでした。そして、イセの大神を内・外両宮にわけることによって、度会・宇治土公ら伊勢の海部の結束を打破したのでした。こうすることによって、度会・宇治土公の両氏がもちつづけた伝統的な地方政権を分断したのです。

政府がイセの大神を分断して、内・外両宮を設立したことは、律令による中央集権の政治を、南伊勢の海部のクニ（独立的政権、イセの大神＝神郡）に滲透させるための周到な工夫でした。それはこの後、日本の歴史の中で、鎌倉幕府が皇室を抑圧するために皇統を持明院統・大覚寺統の二つにわけたことや、徳川家康が本願寺を統御するために東・西二派にわけて争わせたやりかたによく似ています。

もともと旧来の国造（県造）の家すじであった度会氏は、天武天皇のころには、まだイセの大神の神郡たる度会郡の郡領《ぐんりょう》（司政官＝大領・少領）の地位をひとり占めしていたほどです。つまり、天武朝の度会氏はまだ、イセの大神のクニの祭政の権をひとり占めしていたほど有力だったのです。

それを切りくずすためには、低いカミである豊受神を彼らにあてがって、彼らにまつらせるのが、政府の施策として適切なのでした。そして、低いカミをあてがったかわりには、そのカミの地位を皇大神宮に対立しうる外宮として位置づけ、建物の規模を内宮なみに壮大にするのは、よい緩和策でした。なぜなら、そのようなやりかたは、抑圧した度会氏の体面をわずかに保たせることになるからです。

このようにして豊受神宮は、散飯《さば》のカミとしてはめずらしく鄭重な取り扱いをうけて、世間の通例からみればまったく例外的な、高い地位を与えられることになったのです。

旧勢力を二分して拮抗させ、しかもその中の新勢力たる宇治土公氏のうえには、さらに新興の勢力たる荒木田氏をおいて抑えとする政府の施策ぶりこそ、あざやかなものといわなければなりません。

しかも、これら度会・宇治土公・荒木田の三氏は、いずれも土着勢力です。そこで朝廷は、周到にも、これら三氏を一括して抑圧し監視するために、中央政府の司祭官たる中臣氏《なかとみ》を南伊勢の現地に派遣しました。中臣氏は、伊勢神宮の大宮司に任命され、現地に常駐しました。大宮司の中臣氏は、禰宜・内人の上級の職として現地がわの神官を監督し、神郡の民政・徴税権を彼ら土豪の手から奪ってその手に収めたのでした。これが海人のクニ、イセの大神の決定的敗北を意味する、第二の現実であったわけです。

このようにして、旧来の土豪は完全に政治からしめだされ、二つに分けられた神宮の、ただたんなるまつりの役人におとしめられました。土豪が政治の権力を奪いさられたこの状態は、海人のクニの敗北と評さないわけにはいかない、急迫した事態でした。

南伊勢の現地における荒木田氏の興隆、および中央政府からの出先機関の設置、という二つの事実の結果として、いままで独立性を保ちつづけてきた海部の政治集団〝イセの大神〟のクニは解体されました。その地域は、政府の律令《りつりょう》政治のしくみの中に、完全に組みこまれました。そして、旧来の土豪たる度会・宇治土公の二氏は、大和の専制的な律令政府の忠実な官僚たることを要求されたのです。その、政府の役人としての仕事は、地方在住の司祭官でした。彼らは、皇室の祖廟の栄光のために、カミ仕えのまつりだけに専念することを強制されたわけです。

このような変動する政治的環境におかれた人びとのあいだに、はからずも嘆きの声のもれるのは、まことに当然といわなければなりません。律令という非情な法律制度によって動かされる地方官僚としての宇治土公・度会氏が、みじめな敗北の環境の中で発した悲痛なうめき声を、わたくしたちは古典の文章の中から読みとることができるのです。

その嘆きの声とは、『古事記』の景行天皇の条にみえる、ヤマトタケルの述懐のことばです。

吾死ねと

ヤマトタケルは、南九州のクマソを征伐してみやこに戻ってくるとまもなく、父の景行天皇から東国征服戦争にでかけるように、と命令されました。タケルは、東国へゆく途中、伊勢神宮におまいりにきて、そこでカミ仕えしている姨《おば》のヤマトヒメにあいます。そして、つぎのようにいって、泣き悲しむのでした。

天皇はまったく、わたしに死んでしまえと思っていらっしゃるせいでしょうか。わたしは、西国のわるものを撃ちこらして、やっつけて、やっとみやこにかえってきたというのに、それも束の間《つかま》。まだどれほどの時日もたっていないのに、こんどは軍勢もわずかしかくださらないで、さらに東国のわるものを平げにゆけとおっしゃる。天皇はなんでこんなつめたいしうちをわたしになさるのでしょう。こういうなさりかたをつくづく考えてみますと、天皇はやっぱりわたしが、早く死んでしまえ、とおもっていらっしゃるのです。

（天皇すでに吾《あれ》死ねと思ほす所以《ゆえ》か、何しかも西の方の悪《あ》しき人等《ひとども》を撃ちに遣はして、返り参上り来《こ》し間、未だ幾時《いくだ》も経《あ》らねば、軍衆《いくさびとども》を賜はずして、今更に東の方十二道の悪しき人等を平《ことむ》けに遣はすらむ。此れに因りて思惟《おも》へば、猶吾《なおあれ》既に死ねと思ほし看《め》すなり）

タケルの流した、この「患《うれ》ひ泣き」の涙は、後世の学者の議論の種となりました。そこには、うそいつわりのない人間ヤマトタケルの姿が、つつみかくしなく露出されているからです。タケルは架空の人物です。それならば、創作されたこの嘆きのことばの背後には、タケルの口をかりて、実はわが身のふしあわせ、のっぴきならぬ境涯を、せめてひそかに世に訴え嘆こうとした人たちがあったはずです。その人たちはだれか、という疑問にこたえて、戦後、ヤマトタケルの嘆きのことばをめぐる、英雄時代論が展開されました。

上田正昭氏は、その意欲的な著書『日本武尊』の中で、タケルの嘆きをつぎのように説明されています。

尊の悲劇性は、英雄の悲劇性というよりは、伊勢の海部や度会氏の信仰や伝統が、王権に屈服してゆく意味における悲劇性であり、……あわれさであったとわたくしは推測するのである。

度会氏や宇治土公氏のような伊勢の海部のかしらは、朝廷に命ぜられて東国征服戦争に駆りだされたときには、さぞ板挟みのつらさを身にしみてあじわったことでしょう。それは、朝廷と民衆のあいだに立った板挟みのつらさです。

そのころの度会氏や宇治土公氏は、民衆をわがものとして絶対的に支配していたのではなかったのです。六、七世紀のそのころ、伊勢の海部の共同体の村々は、まだ階級的な分化が十分にみられず、土豪は民衆の衆議の決定によって、村の代表者・指導者におされていた人にすぎませんでした。

そのような、村のまとまりの代表者にすぎなかった度会氏や宇治土公氏は、彼らの地方国家・集落国家を構成する民衆の総意にそむいては、なにごとも行動することができませんでした。しかし大和の朝廷は、土豪のそのような立場のつらさには同情しません。朝廷は、度会氏や宇治土公氏のクニの民衆を、容赦なく戦争に動員しようとします。そうすれば、海部たる民衆の抵抗があるのは当然でしょう。民衆の不満をなだめすかしながら、民衆とともに、朝廷の行なう東国遠征に参加しなければならなかった彼ら南伊勢の首長たちは、朝廷と民衆とのあいだに立って、なかをとりもつのにずいぶん苦心したにちがいありません。

戦い終わって、蝦夷の捕虜をじぶんたちのクニにつれて戻れば、たちまち朝廷にとりあげられて、大和につれ去られる。——民衆をなだめすかしながら戦いをつづけ、民衆に利益を約束したであろうと思われる海部のかしらたちは、面目まるつぶれだったでしょう。

あげくのはては、神郡という名の、彼ら海部の領土は削減されてしまいます。くるしまぎれの巻き返し策として、宮廷に媚び、服従のちかいをきびしくして、じぶんたちの守護神をささげ、天皇の好意を期待したのですが、その結果はやぶへびになってしまいます。

海部のクニは解体を強制され、窮屈な律令体制の中に、土豪も民衆も組み入れられ、束縛されるのでした。

朝廷のために尽くせば尽くすほど独立性を削られ、喪失してゆく状態の中で、それでも身を棄てて絶対随順する以外に残された道のないことを思い知らされたとき、伊勢の海部の首長たちは、「吾《あれ》既に死ねと思ほし看《め》すなり」という悲痛な心境を、泣いて吐露しないわけにはいかなかったのでしょう。

南伊勢に住む度会・宇治土公氏らのこの心境は、彼らを代表して大和の宮廷に出て、奉仕している天語部・猿女らの心境に、そのまま通じてゆきます。伊勢の海部の神話を宮廷で語り、まつりを行ない、それらの行為がそのまま宮廷の神話伝説に組みこまれていったのですから、結局、伊勢の海部のクニの没落の挽歌は、あざやかに宮廷説話の中に語りこめられます。そのような宮廷説話の中の嘆きのことばは、猿女君の一族であった稗田阿礼によって、最終的には、『古事記』の中のヤマトタケルの嘆きのことばとして定着されたのでした。

稗田阿礼は女であるといわれています。彼女は猿女氏に属し、先祖は猿女君とおなじアメノウズメでした。阿礼というこのめずらしい名は、カミの〝みあれ〟に仕える巫女、阿礼《あれ》おとめであることを意味する名です。彼女は、宮廷の説話《かたりごと》を誦習しまし

た。それを太安万侶《おおのやすまろ》が文字に記録したものが、実に『古事記』であったのです。阿礼が宮廷で活動した時代は、天武天皇のとき以後です。おそらく彼女は、持統女帝のなくなるころまで、宮廷の中にいたのでしょう。

没落する猿女君

天語部や猿女たちのおかれた立場は、その心境が伊勢のふるさとの度会・宇治土公氏らとおなじであったばかりではありません。彼らの社会的地位もそうでした。その宮廷の中における没落の悲運は、ふるさとにおける同族の土豪の凋落と、その歩みをともにしており、その運命をおなじくしていました。

さきにもしるしておきましたように、平安時代のはじめの記録（『古語拾遺』）によれば、そのころには猿女君はすでに完全に宮廷から追放されていました。そのころ宮廷では、まだ鎮魂祭は行なわれていましたが、猿女君が追放されて、ほかのものがとり行なう鎮魂祭、いわば〝天の岩戸の舞踏〟ともいうべきものが、いかに生命力を失って形骸化したものであったかは、もはや多くを語る必要はないでしょう。なぜなら、鎮魂祭とはどこまでも伊勢の海部の信仰であったからです。それは、猿女が演出するときにはじめて、いきいきとして、カミの生命力の歳ごとの再生を期することのできる、独自のショーであったからです。

猿女君も、それから天語連も、このようにして歴史の舞台から姿を消してゆきました。なぜ彼女らは没落しなければならなかったか。それは、宮廷内部の情勢変化に理由をみつけることができます。

七世紀末から八世紀のはじめにかけては、中国の大陸的な合理主義が宮廷生活を支配しはじめていたときです。朝廷は中国風の律令制度によって、巨大なメカニズム化し、合理的に機械的に運営しはじめられたときであったのです。そのような開明的な宮廷のふんいきの中では、もはやすでに、古めかしくて原始的な呪術は、棲息のゆるされない息ぐるしい状態になっていたのです。それは天皇の性格の変化という事実と、重大なつながりがあります。

天皇と皇后

だいたい、天武・持統のふたりの天皇には、最後の固有（原始）信仰的な天皇、という一面がありました。

持統皇后が天皇家の〝氏のカミ〟（守護神）たる天つカミ（アマテル）の巫女であり、その夫の天武天皇は、持統皇后にのり移っている天つカミに託宣を乞うて質問をする人（審神者《さにわ》）であったらしいことは、壬申の乱における彼らの戦陣の祈りを考察するとき、推測できることなのです。

両帝が吉野に隠棲していたのは、そのころの固有信仰のうえの風習であった川上のカミの霊気にふれるという目的があったからではないでしょうか。前にも引用しておいた奈良時代に和泉《いずみ》国（大阪府）に住んでいた出家の道行が、人里をはなれて遠く山の中にわけいって修行した気持と、天武天皇が即位する前に出家して、持統皇后とともに吉野の山の中にこもっていた気持とには、共通したものが感じられます。壬申の乱に勝って天皇となった後も、天武・持統両帝は、一緒にしきりと吉野の離宮へでかけています。このような行幸には、ただの遊山《ゆさん》というだけではなくて、川上のカミの霊気にふれてカミとしての資格を整えようとする、当時の固有信仰の気分が、色濃く投影しているように思われます。

折口信夫博士は、古いむかしの天皇とは、天皇と皇后のカップルをさしていたのだ、といわれました。人間天皇は、元来はカミにものをきくだけの役目だったのですが、ときにはそれだけにとどまらないで、人間天皇がカミに仮装して（男性がカミに仮装してカミ妻や家々を訪れる習慣は、日本ではもっとも普遍的な事実です。たとえ

ば秋田の〝なまはげ〟を思いだしてください）、カミの巫女たる皇后＝カミ妻のもとに訪れてきては婚《めあ》ったのだ、というのです。人間天皇が、そのようなカミの扮装をくりかえした結果、ついにだれからも、天皇はカミだと思われるようになったのだ、と説いておられます。

　また、カミが棚機つ女に婚うときには蛇（竜）体となって訪れてくるという信念は、日本では古くから広く行なわれていました。伊勢神宮のアマテラスもその例外ではなかったことは、この本の冒頭で説明しておいたとおりです。天皇が歩まれたあとには竜のうろこが落ちている、という俗信が民間にはあるそうですが、三輪山のカミや伊勢のアマテラスが蛇の姿をしてカミ妻を訪れるという信念のあることを知っていれば、この俗信がつくりだされる経過はわかります。天皇はカミに仮装してカミ妻を訪れるのですが、そのカミはもともと蛇体と化してカミ妻を訪れていたのです。それならば、人間天皇がカミに扮した状態は蛇の姿である、と思う信念は、容易にみちびきだされる道理ではありませんか。竜顔《りゅうがん》ということばが、天皇に関して使われているのも、理由のないことではなかったのです。

天皇・皇后が、カミとカミをまつるものとであって、神秘な呪術がいきいきと宮廷の精神生活を支配する神政政治――、そのような原始的な呪術の政治のありかたは、天武・持統両帝がその専制的な王権を確立して律令体制を固めると、もう好ましくない、古めかしいならわしとなったのでしょう。そのころの宮廷が目標としていた中国風の合理主義にはそぐわない、野蛮な風習と思われはじめていたのでしょう。

天武朝には、たとえば天武天皇の病気を占なって草薙の剣のたたりだと決めたように、まだかなり固有信仰的な呪術がはばをきかしていたのですが、持統女帝の時代になると、天皇はそのような呪術をかなりはっきりとした方針で、宮廷からきびしくしめだそうとしたように推測されます。なぜなら、固有信仰の非合理な呪術は、持統天皇の朝廷ではもはや迷惑な存在で、その横行は許せない状態になっていた、と思われるからです。

持統女帝に古い呪術がきらわれるのは当然なのです。なぜなら、彼女は厖大な役所の機構の頂点に位置をしめて、合理的で機械的な政治の運営を望んでいました。そういう開明的な政治家にとって、政治のやりかたにいきいきと発言してくる固有信仰の呪術というものが、いかに迷惑なものであったかを如実に示す史実を、つぎに掲げてみたいと思います。

魔女裁判

時代はだいぶ降りますけれども、平安時代の中ごろにおこった事件で、鎌倉時代の『通海参詣記』に書きしるされているできごとです。

南伊勢の地には、伊勢神宮からかなりはなれた場所に、斎宮寮という政府の役所が設けられていました。それは、伊勢神宮の斎王である皇女のふだんのすまいの中にある官庁で、斎王のふだんの生活の世話をするのがその仕事でした。その役所の長官が斎宮寮頭で、その地位はかなり高く、位は従五位下で、地方官でいえば大きな国の長官(守)に相当します。

そのころ、この斎宮寮頭であった相通という名の人と、その妻の藤原小木古曽子という人とが、夫は佐渡へ(後、改めて伊豆へ)、妻は隠岐《おき》へ、わかれわかれに島流しにされてしまいました。それはなぜかというと、アマテラスが斎王にカミがかりして託宣(カミのお告げ)をしたためです。アマテラスが、彼ら夫妻を島流しにしてしまえ、と命令したからです。この事件は、〝長元の御託宣〟とよばれて、ながく人びとのうわさに残りました。

長元四年(一〇三一)六月十七日、皇大神宮の恒例のまつりに斎王が参宮したところ、たちまちはげしい雷雨となり、あたりいちめんは洪水になってしまいました。人びとが困っていると、「シカアル間、斎内親王俄《にはか》ニ大音声ヲ出セ給テ、叫喚シ給フテ」神官たちをよびよせ、アマテラスの託宣をつたえるのでした。

　そのいうことには、寮頭夫妻が、じぶんら夫婦に、夫には内宮のカミが、妻には外宮のカミがそれぞれよりついている、といいふらしているのがけしからん。「帝王ノ御タメ、極タル不忠也」「甚タ無礼ノ企テ也。依《リテ》レ之件ノ相通等ヲモチテ、重科ニ処セシメ配流セシメム」というものでした。それから斎王は、「清浄ノ御酒ヲ召ス。仍《よつて》一ノ神主是ヲ奉ル。度々相加テ十七度聞食《きこしめし》テ託宣給フ」のですが、これからさきは完全に女のよっぱらいがくだをまくありさまにも似て、神官たちを相手にながながと、身のまわりの人びとの人物批評をやり、人の名をいちいちあげてはほめたりけなしたりします。そしてしまいには、朝廷の政治がなっていないと、さかんに口ばしるのでした。

　しかし、そういう斎王のカミがかりしたおしゃべりが、すべて「我ハ是皇大神宮第一ノ別宮荒祭ノ宮也。太神ノ勅ヲ承リテ、斎内親王ニ託宣スル処也」というアマテラスのお告げなのですから、神官は斎王のことばを承るたびに、いちいちうやうやしく本宮に向かっておじぎをしては、斎王のお酒のお相手をしたり、御託宣のメモをとったりしています。この託宣は、もちろんアマテラスのお告げですから、あとで朝廷に報告されました。なぜなら、それは天皇の施政に対するアマテラスの指示だからです（しかしその報告の内容は、寮頭夫妻を非難する託宣だけにとどめて、アマテラスが宮廷の政治を批判する託宣のほうは、わざと報告しませんでした）。

さて、話題の人、斎宮寮頭の夫妻は皇大神宮にいあわせてはいませんから、神宮ではその日のうちに斎宮寮にいる彼ら夫妻に急使をつかわして、謹慎をいいつけました。そして、あげくのはては朝廷に上奏して、託宣のとおりに島流しにしてしまったのですから、なんともかわいそうな話ではありませんか。

この記事を書きとめた通海という坊さんは、参宮したときに神宮の記録をみせてもらって、それに基づいて確かな記述をしています。ですから、このできごとの話は信じられる史実なのです。

「霹靂《へきれき》雲ニ走リ、天地ヲウコカシ、雨水土ニ下リテ、洪水ヲ成セリ」という環境こそ、アマテラスが斎王にカミがかりするのにふさわしい場面です。現代でも、民間には雷が落ちた場所はカミが降臨したものとみなしてしめなわをはり、神聖視するところがあるくらいですから、カミの妻である斎王が、このようなときカミに感応するのは、伝統的な約束ごとであったのでしょう。このとき斎王には、たまたま皇大神宮の神域の中で、カミがかりするのに最適のふんいきが用意されたわけです。

こういう事件は、たぶん寮頭夫妻にとっては天から降ってきたような災難で、身にまったくおぼえのないことであったのでしょう。寮頭ともあろう人が、じぶんら夫婦にアマテラスと豊受神がよりついている、といいふらすはずがありません。斎王の妄想であったのでしょう。彼ら夫妻には男女の子供があったそうですが、その身のゆくすえが案じられます。

この事件は、そのむかしわが国で行なわれていた神政政治の本質がいかなるものであったかを、実にリアルに説明してくれている、ということができましょう。

宮廷の合理主義

壬申の乱に、天武・持統両帝がいっしょにつれだって戦争にでかけたのは、持統女帝が巫女としてカミがかりし、戦いの指揮その他についてカミが託宣をするのを天武天皇に伝えるためだったのかもしれません。両帝がつれだって出陣する気持が、むかしからのならわしを踏襲したものであったのなら、当然そういうことになります。両帝が戦陣の間に、二度も雷にうたれたときには、持統女帝はことによると、巫女としてカミに祈り、カミの託宣をねがったのかもしれません。しかし、壬申の乱のあとの天武・持統両帝には、古いカミガミをあしらうのに絶対的な専制君主らしい自信の強さがみられます。

皇極女帝が雨乞いをしたときには、もしそれに失敗すると、民衆の望みを失ってついに蘇我氏に皇位をのっとられたかもしれない危険性すらありました。いわば必死の祈りなのでした。けれども、天武・持統両帝の治世になってからは、祈雨・止雨の祈りはもはや慣習的であって、天皇の徳の広大であることを民衆に認識させるためのPRの手段と化していたようです。『日本書紀』をみるとわかることなのですが、天皇はこのころ、瑞祥そのほか、ことあるごとに詔《みことのり》をくだしては、じぶんの徳の偉大さを自己宣伝しています。

さらにもうすこし後になって、奈良時代の聖武天皇や、みやこを奈良から京都へ遷した桓武《かんむ》天皇になると、雨乞いをして雨がふらなければ、「朕の薄徳・不徳の致すところなり」というような、のんきな詔を民衆にくだしているほどです。つまり、謙遜という美徳を発揮することができるほどまでに完成された政権の上にあぐらをかくことができる状態にすらなるのです。

このように呪術は、天皇の政権が確立するまでは切実に宮廷にとっては必要なことなのですが、政権確立後は切実さが失われました。いや、かえってむしろ、いとわしいものとなったのではないでしょうか。

祭政一致の伝統的な、いわば原始的な天皇制から脱皮して、律令機構を動かす理性的な、いわば古代的な天皇制を確立した持統女帝は、夫の天武天皇にもまして意欲的で行動的だったようです。女帝は、天武天皇のやらなかった中国風の大きな都城の建設まで思いたってやりとげました。

アマテラスが誕生したのは持統女帝の治世の晩年のことであり、皇大神宮がつくられたのは女帝の退位の翌年のことで、実際的にはまだ女帝の治世の時代であったとみられます。アマテラスを誕生させたその人が、アマテラスの神社をみやこに建設しないで、遠い僻地《へきち》につくらせたのには、おそらく女帝の配慮があったのではないでしょうか。持統女帝のみやこには巨大な仏寺がつぎつぎに、そのまわりにいとなまれて異国情緒をただよわせていました。

どんな託宣をして律令政治のメカニズムに横槍をいれるかもわからない、古い呪術の宮廷神に対しては、敬して遠ざける策をとったほうが賢明である、と持統女帝はみたのでしょう。アマテラス神話のふるさとへ皇大神宮がつくられて、みやこにいとなまれなかった理由には、こんなことも考えられるではありませんか。

律令体制の機構のいただきにのった天皇にも、この後、まだやはり呪術的な天皇としてのなごりは残るので、その場合、ひとりの皇族女性が犠牲にされてしまうことになります。ただひとり斎王にえらばれた皇族女性だけは、みやこをはなれた南伊勢の地で、こころぼそいカミづかえの日々を送らなければなりません。〝長元の御託宣〟には、カミに処女生活をささげる高貴なひとりの女性のやるせなさといきどおりがあふれていて、そのあわれさには身につまされる思いがします。

律令体制のいただきに、ゆるがぬ天皇の政権を確立するためには、天皇がそのままカミであるという信念に立脚して、絶対至高の祖先神アマテラスを樹立しなければなりません。しかし、いったん誕生したアマテラスには、もう宮廷から遠くはなれて、天皇の神権的な政権を黙々とみまもっていてもらいたかったのでしょう。

『日本書紀』の崇神天皇の条に、アマテラスの神のいきおいを恐れて、ともに安住しがたいため、アマテラスを皇居の外にまつるようになった、という記事がありますが、七世紀末の持統女帝の宮廷の気分はおそらくそういうものだったことでしょう。

阿礼の嘆き

アマテラスを必要としたのも天皇家だし、皇大神宮の建設を欲したのも天皇家でした。その人の名をあげれば持統女帝です。女帝のために、アマテラスと皇大神宮を創出したのは、南伊勢の海部とその女性たちでした。しかも、天皇制の社会的性格の変化（絶対専制王権の樹立）という事実が理由となって、天皇にとってアマテラスと皇大神宮とが必要となったのです。

ところが、そのおなじ天皇の性格変化という事実が、一方では天皇に伊勢の海部のクニを否定する政策をとらせました。そしてまた、宮廷の中では伊勢の海部出身の呪術的な女性たちを不必要なもの、やがては邪魔な存在としてそこから追放し、歴史の舞台から彼女らに姿を消させもしたのでした。

じぶんたちのなかまが、磯の香の高い南伊勢のふるさとから宮廷にもちこんだ神話を、稗田阿礼は美しいことばで整理し、ならいおぼえていったのでした。『古事記』を誦習した阿礼の若くて感じやすい女ごころは、じぶんを含めた宮廷に仕える一族の女たちが、しだいに宮廷の中に占める地歩を失ってゆく現実をまざまざとみたことでしょう。そして、たまらなく淋しい感慨――、伊勢の海部の挽歌ともいうべき感慨にふけったことでしょう。

極端ないいかたをすれば、『古事記』の（やがて『日本書紀』の）宮廷神話が完結すれば、彼女らは宮廷にとって、もう用のない存在なのでした。宮廷は彼女らに、じぶんらのもっているカミの物語・寿詞・寿歌のすべてを宮廷に捧げることを求めました。彼女らはそのような環境の中で、忠実に、じぶんらの知恵をかたむけて、日本神話を創作し、編成しました。

そして、彼女らは用がすむとともに、宮廷からまた歴史の舞台から去っていったのでした。黙々として——。ただひとつ、そのとき、彼女ら一門のあわれさを回顧したことばが、「吾死ねと」という例外的な述懐としてまとめられました。そして、それはヤマトタケルの「患《うれ》ひ泣き」のことばに託して、阿礼の誦習する『古事記』の中におりこまれました。

消えゆく身の感慨は、わずかにこのようにして青史《せいし》の中に語りこめられることになったのでしょう。「吾死ねと」のことばは、伊勢の海部やその女性たちの述懐であり、編集の過程からみると、最終的には稗田阿礼の述懐であった、ということもできましょう。

遷したという意識

『古事記』には書かれずに、『日本書紀』にだけ書かれている記事の一つに、アマテラスを大和から伊勢に遷してまつったという記述があります。この『古事記』と『日本書紀』の相違は重大な意味をもっていると思われます。

伊勢の地にはもともとアマテラス遷座の伝承がないから、伊勢の海部の出身である稗田阿礼は、知らないことは口誦しなかったのでしょう。しかし、大和朝廷の高級官僚が、大和にある宮廷中心の立場で編集した『日本書紀』の記事には、『古事記』とちがったニュアンスがでてくるのは当然でした。『日本書紀』では、どうしてもみやこから遠くはなれた伊勢にある皇大神宮がなぜそこにあって尊敬されるのかを、理屈にあうように説明しておかなければなりません。だから、大和にあった天皇家の宮廷神を伊勢に遷座したのだという説明も、つけ加えなければならなかったのです。

文武二年に皇大神宮を創立するのにも、その前に滝原に大神宮を創立するのにも、大和の宮廷の立場としては、遷座意識をもつのは自然なことです。しかし、現地の土豪の立場は、はっきりとちがっていました。天皇家から赴任してきた斎王はお客さんにすぎません。これは、内宮・外宮の禰宜らにとって共通な感情でした。

初代の斎王の大来が赴任したとき、大和の宮廷には、まだまだ天皇家の宮廷神を伊勢に遷座したのだという意識はありませんでした。このことは、天武天皇が没すると、持統女帝はすぐ大来を大和へよびもどしておいて、代わりの斎王をついに任命しなかったことによってもわかります。持統女帝は、その在位中には伊勢に斎王を派遣していないのです。

伊勢神宮はだれのもの

皇大神宮は、なぜ宇治につくられたのでしょうか。それは、高天原神話の創作者が猿女君――宇治の土豪の宇治土公であったからです。

プレ＝皇大神宮はだれのものか。それは、もともと度会・宇治土公・荒木田氏など、南伊勢の土豪と民衆のものでした。文武二年以前において、伊勢神宮の前身の神社群は、完全に南伊勢・志摩の土豪と村びとの神社でした。

文武二年以後の伊勢神宮は、いちおう律令国家のもの、そのディスポットたる天皇のものですが、それはやはり表面のことであって、まつりの根底や経営の内実を検討してみると、内宮は宇治土公・荒木田氏らのもの、外宮は度会氏のもの、というエレメントは依然として存外に多いのです。

伊勢神宮は、内・外宮だけではありません。伊勢神宮を構成しているその他の百二十三社は、南伊勢・志摩の村々に散在していますが、それらはもちろんもともと村びとのカミでした。そのような伊勢神宮の別宮・摂社・末社は、文武二年以後も、地域の村の共同体がまつるカミとしての本質をすこしも変えてはいないのです。

八咫の鏡はだれのもの

皇大神宮の神体の八咫の鏡は、大和から伊勢に遷されたものと、普通にはなんとなくそう思われています。しかしこれには、厳密にいえば古くから異説もあるのです。なぜかというと、『日本書紀』には、ヤマトヒメが〝アマテラスを伊勢に遷した〟とは書いていますが、〝八咫の鏡を伊勢に遷した〟とは書いていないからです。そして、もちろん『古事記』は、こういう問題にはまったくふれていません。

もともと八咫の鏡を普通名詞とみなしたり、またアマテラスが伊勢に鎮座するためには、大和からではなく、直接に天から伊勢に降臨してきたのだ、とみなす立場からすれば、皇大神宮の神体の鏡は、なにも大和から伊勢に、どうしても遷されなければならない理由はどこにもないわけです。そういうことになると、『日本書紀』の文章がはっきりと、〝アマテラスがニニギに与えた八咫の鏡を、ヤマトヒメは大和から伊勢に遷した〟と書いていないことには、皇大神宮の八咫の鏡由来について疑義を唱えるものがあらわれてくるのは当然ななりゆきでした。

これは、みのがしてはならぬことです。伊勢の現地の人のカミまつりの意識はもっともっと複雑で、たとえばプレ＝皇大神宮のカミたるアマテラスは、海の彼方から二見の浦の海岸に、小鯛（現地ではチンタとよんでいる。チマダイ）の姿となってやってくる海のカミ（常世《とこよ》のカミ）だ、とまで思ってまつりを行なっていたくらいです(『皇太神宮年中行事』)。とても「大和から送られてきた一枚の鏡がアマテラスのすべてなのだ」というような、単純で明快なカミ観念はもちあわせてはいません。

しかし、草薙の剣がほんとうに大和から尾張（愛知県）へ送りこまれているくらいですから、七世紀のぎりぎり末のころに、大和から一枚の鏡が祭器として伊勢に送りとどけられることはなかった、とは断言できません。

八咫の鏡は、もともと天皇家のものであったのか。それとも、伊勢の天照《あまてらす》を宇治の現地でまつっていた宇治土公氏の人たちが、ツキサカキにかけてまつっていた（あまてる）その鏡であったのか。疑問はあとに残る、といわなければならないでしょう。

12　アマテラスの祝福

アマテラスのモデルは持統女帝です。天壌無窮の神勅とは、持統女帝が皇位をその孫の文武天皇に譲りわたす祝福のことばでした。

アマテラスのモデル

日本神話のきわめて多くの部分に、天武・持統のふたりの天皇の事績が反映している、と論じられています。たとえば、神武東征の物語は、天武天皇がおこした壬申の乱がその物語につくりなおされている、といわれています（継体朝の史実をもとにして六世紀につくられたという説がある――直木孝次郎氏）。また、神功皇后の物語は、持統女帝（および斉明女帝）の事績を神話化してつくられている、ともいわれています。

天武天皇は、即位の後、国史の編集を計画して、その仕事を推し進めました。天武天皇の宮廷では、稗田阿礼が、そのしごとのために特に用いられて、むかしからのつたえを誦《よ》み習《なら》っていたのです。そのぐらいですから、国史の編集を命令した天武天皇じしんの生活が、古くさかのぼって神話の世界のカミの物語に投影するのは、ほんとうに自然ななりゆきでした。そして、そういう点では、天武天皇に劣らないほどに持統女帝の生活や行動が、日本神話のだいじな部分にその姿を投げかけていると思われます。

高天原のカミガミの神話が形を整えてゆくうえで、持統女帝がモデルにされている部分はたしかにあると思われます。なにしろ、持統女帝の専制時代に、神話の世界の中心人物アマテラスが誕生せしめられているのです。そのアマテラス神話を現実化するために皇大神宮を創立した年は、女帝の孫の文武天皇の二年（六九八）にあたります。つまりその年は、女帝が孫に皇位を譲ったその翌年なのです。そのころはまだ実際には、持統女帝の治世であったとみなされるのです。こういう状態ですから、神話の中の中心的な人物に、持統女帝の生活や意志が投影しないはずがありません。

日本神話の素材となったものは、南伊勢の海部をはじめ、中央・地方の氏族の伝承を集めたものでした。したがって、それらには信仰的なエレメントがたいへんに多いのですが、それらを組み立てて、日本神話を体系化してひとすじのつながりのある話に編成したとき、宮廷で新規に創作的におりこまれた部分というものは、たしかにあるのでしょう。そういう創作された一面についていうならば、神武天皇については天武天皇を、アマテラスについては持統女帝を、それぞれモデルにしてものがたってい る部分がたしかにあるのです。そのような、持統女帝にかかわる部分について、説明をしてみたいと思います。

皇位継承争い

アマテラスのモデルになった持統女帝について述べるためには、どうしてもそのドラマチックな一生の、輪廓の一端にはふれておかなければなりません。

天武天皇には、持統皇后のほかに多くの妃がありました。したがって、持統女帝にとっては腹ちがいの、いわばなさぬ仲である子たちが、天武天皇の子供として、たくさんいたわけです。そのような天武天皇とのあいだの腹ちがいの子に、大津皇子がいました。彼は、イセの大神のはじめての斎王となった大来皇女の弟でした。彼は、人間的にたいへんすぐれた人物で、俊敏で学才があり、人びととのあいだにたいへんに人気があって、したわれていたとつたえられています。

天武天皇が朱鳥元年（六八六）九月に病死しますと、その翌月には持統皇后はすぐ

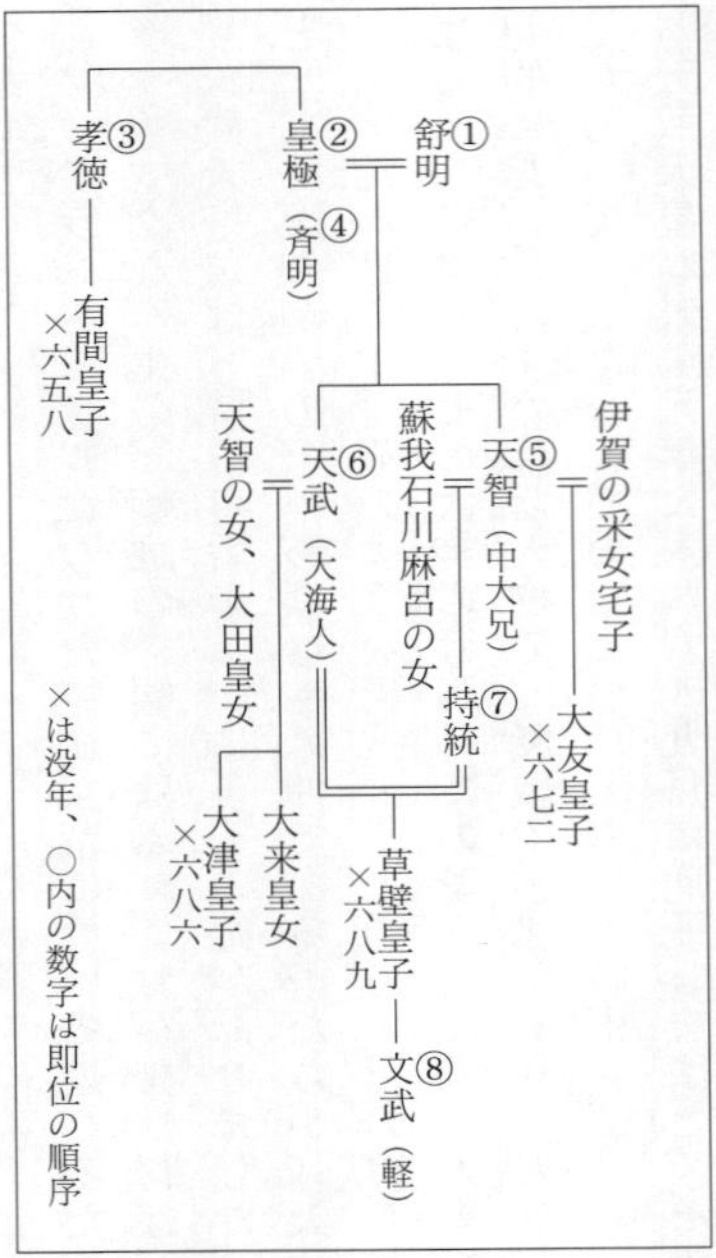

皇位継承譜

さまこの大津皇子をとらえて殺してしまいました。ほんとうは大津皇子にはちっとも罪はなかったのに、謀叛人にしたてて大急ぎで殺してしまったのは、持統女帝が大津の人気をおそれたからです。女帝には、じぶんの生んだひとりむすこの草壁《くさかべ》皇子を、つぎの天皇にたてたい気持があったのでした。

だいたいこのころまでには、まだ天皇家には嫡長子である男子に皇位をつたえなければならない、というきまりはなかったのです。天皇の位は、天皇の一族の人であればだれでも継ぐことができました。天皇の一族と大和の朝廷の豪族たちが、この人をと一致して推薦する人ならば、だれでもなれたのです。つまり皇位の継承は、一系の相続ではありませんでした。天皇は、かならずしも「吾《あ》が子孫《うみのこ》」にその地位を譲るわけにはいかなかったのです。

ただしこれまでにも、大化の改新の後に、天智天皇は専制王権をしだいに固めたので、じぶんの子息に皇位をつたえるという、中国風の相続のしかたをはじめようとしたことがありました。そこで天智天皇は、じぶんの子息の大友皇子に皇位をつたえたいと決心しました。そしてそのために、壬申の乱という大失敗までしているのです。

というのは、天智天皇がわが子に皇位をつたえたいと思うようになったそのときには、天皇はすでに弟の大海人皇子（天武天皇）に、つぎの天皇の位を譲り与えることを約束して、もう大海人皇子をじぶんの皇太子にしてしまっていたのでした。大海人皇子は、天智天皇の気持を察して、兄と争ってわが身があやうくなるのをさけるために、進んで皇太子の地位を辞退し、出家して、妻の持統（天智天皇の娘）とともに、都を去って南大和の吉野の渓谷に隠棲したのです。

天智天皇はそこで、「吾が子孫」に皇位をつたえることができる状態となり、大友皇子を皇太子にしました。しかし、このような天智天皇の、皇位を一系につたえようとする中国風の思想は、大友皇子に幸福をもたらしはしませんでした。天智天皇が没すると、その弟の大海人皇子（天武天皇）は、彼の妻であり天智天皇の皇女である持統とともに、大友皇子を襲って死なせました。この壬申の乱という皇位簒奪戦争に勝った天武天皇は、大友皇子（弘文天皇）の手から皇位を獲得しました。

つまり、律令体制が十分に固まっておらず、天皇の専制王権が十分には確立されていなかった天智天皇のときには、天皇家の一族の中での皇位争いは実力をもって行なわれ、実力が解決したのでした。

もともと天智天皇が、有能な弟に皇太子をやめさせてまで、わが子を天皇にしようとしたやりかたが、そのころまでの天皇家一族の首長の地位相続のならわしにひどくそぐわない無理なやりかただったのですから、皇族や豪族のあいだの世論は大友皇子に冷たく、大海人皇子に同情的だったようです。

しかし、天武天皇が即位した後は、天智天皇のときとちがって律令体制は固められ、天皇の専制王権はゆるがぬものとなりました。天武天皇が没すると、皇位がその皇子につたえられるのはもはやだれの目にも疑義のないことでしたが、しかしこの場合も、持統皇后の腹に生まれた嫡出子でなければ即位できないというようなしきたりは、古来、天皇家の習慣の中のどこにもありません。天武天皇の皇子には、腹ちがいの間柄の皇子たちが多数いるのですが、そのうちで健康であり、有能で、人びとに信望のある人物ほど、皇位につくべき適格者でした。

大津皇子は、それまでのならわしからみるならば、天武天皇の没した後、つぎの天皇の位につくべき、いちばんの適格者でした。なぜならば、持統皇后の生んだ草壁皇子は身体虚弱で、だれの目にも不適格者にみえたからです（事実、彼は、天武天皇がなくなってから三年目には、病死しています。母の持統が彼を、天武のつぎの天皇にしようとした期待にそむいて――）。

このような状況の中で、夫の天武天皇にさきだたれた持統皇后は、いわば一身上の重大な危機に際会しました。機先を制さなければ、大津皇子にわが子の草壁皇子が圧倒される危険がありました。ふたりの対立が、壬申の乱の二の舞をひきおこさないともかぎりません。そしてその場合、草壁皇子の没落は、持統皇后の没落を意味するのです。

壬申の乱における持統皇后の活躍は、「旅《いくさ》をやしなひ衆を会《つど》へて、遂に与《とも》に謀を定めたまふ。すなはち分《くば》りてたけきひと数万に命《おほ》せて、諸《もろもろ》の要害《ぬま》の地に置きたまふ」とつたえられています。そのように、夫の天武天皇とともに、いのちをかけて獲得した皇位であり、営々として築きあげた専制王権なのですから、持統皇后の気持としては、夫のなきあとは天皇の地位をじぶんのものとして、どこまでもその手に握ってゆくべき権利はあるのでした。また、その実力を皇后はもっていたのです。

ここに、哀れをとどめた宿命の人は大津皇子でした。彼は、もし父の天武天皇が持統皇后よりもさきに没したとき、わが身がどんなに果てなければならないかを、あらかじめよく知っていました。覚悟はできていたのです。天武天皇の死後、わずか一ヵ月もたたない十月二日、にわかにとらえられ、翌三日、早くも皇子は訳語田《おさだ》で死刑に処せられました。彼の辞世の漢詩、

金烏《きんう》西舎に臨み、鼓声《こせい》短命を催す。
泉路賓《ひん》主なく、この夕家を離れて向ふ。

は、『懐風藻』におさめられており、彼の、運命に身をまかせきった静かなあきらめの心境がうかがわれます。その妻の山辺《やまのべの》皇女は、髪をふりみだし、はだしとなって彼のあとを追い、ついに夫に殉死しました。これをみた人びとは、涙を流して悲しみました。

持統皇后が、電光石火の早業で大津皇子をたおし、「吾が子孫」に皇位をつたえる

決意を表明した断乎たる態度は、皇族や豪族にふかい感銘を与えました。なぜならば、持統皇后の決断によって、皇室の中に皇位継承のあたらしい血統主義が樹立されたからなのです。

持統皇后による大津皇子の抹殺とは、いわば持統女帝を出発点とする万世一系の「吾が子孫」の皇位継承、という伝統主義を樹立する宣言にほかなりませんでした。皇位の継承は、今後、持統女帝からスタートするのだ、という宣言にほかなりませんでした。

吾が子孫の

七世紀も終わりごろの天武・持統両帝のこの時代には、もはや、天皇の地位は大和朝廷の豪族の総意を反映して擁立されるのだ、という時期は遠くにすぎさっていました。

それればかりではありません。天皇家の一門の内部でも、持統皇后（女帝）の子孫にのみ、皇位はうけつがれるべきである、という意志が、実力者たる持統皇后によってはっきりと表明されたのです。そういうことになると、天皇の地位は、人びとに推挙されるから尊いのではなくて、その地位自体に至高の権威がそなわっていることを明瞭にしなければなりません。天皇の地位は、神授の神権であるから尊いのだということを、世間に認識させなければなりません。

ここに、女帝をモデルにした天皇家の始祖アマテラスを、絶対で至高のカミとして系譜のうえに位置づける必要が生まれます。そして、そのアマテラスの権威の名において、天皇の地位の永遠の保障と、あわせて皇位継承のしかたを指示する宣言を発表させる必要が生じます。

壬申の乱の二の舞を防止して、じぶんの子孫に皇位をつたえ、そうすることによって、政権を天武天皇のなきあとも、じぶんの手の中に握りたい……という持統皇后（女帝）のねがいは、当時の政治的な環境におもいをめぐらすと、どうしてもそういう方向にむかわざるをえなかったのでしょう。持統皇后の意を体して、皇后の宣言にほかならないアマテラスの宣言を起草し、神話の体系の中におりこんでいったのは、宮廷の御用神話創作者たる猿女でした。

猿女が創作して皇后が発した、皇位継承のあたらしい伝統主義の宣言とは、『日本書紀』の一書の記事にみえる、名高い天壌無窮《てんじょうむきゅう》の神勅《しんちょく》なのです。

皇孫《すめみま》に勅して曰《のたまわ》く、葦原《あしはら》の千五百秋《ちいほあき》の瑞穂国《みずほのくに》は、是れ吾《あ》が子孫《うみのこ》の王《きみ》たるべき地《くに》なり、宜《よろ》しく爾《いまし》皇孫就《ゆ》いて治《しら》せ、行矣《さきくませ》、宝祚《あまつひつぎ》の隆《さか》えまさむこと、まさに天壌《あめつち》と窮《きわまり》無《な》かるべし。

このアマテラスの荘重な宣言は、

①アマテラスがその孫に与えたことばである。
②アマテラスの神権によって地上の王をきめている。
③地上の王はアマテラスの子孫に限る、ときめている。
④アマテラスの子孫の皇位は永遠だ、と保障している。

などをそのおもな内容としています。

この天壌無窮の神勅が、猿女の起草によって神話の中におりこまれたものであることは、神勅にひきつづいて述べられる物語にサルタヒコと猿女とが大活躍をしていることによって知られます。この『日本書紀』の一書の記事は、稗田阿礼の誦習したという『古事記』の記事ともたいへんよく似ています。それらのことをみくらべて考え

てみますと、この天壌無窮の神勅を含んだ『日本書紀』の一書の記事は猿女によってとりまとめられ、創作された記事だと断じて、すこしもさしつかえはありません。

アマテラスは、なぜその子オシホミミを地上の王とさだめて降臨させなかったのでしょうか。アマテラスは、なぜオシホミミの子つまり天孫のニニギを地上に降臨させたのでしょうか（天孫降臨とは、アマテラスが孫のニニギに、日本の主権、つまり皇位を譲り与えたことの神話的な表現なのです）。

この話は、実際には、つぎの史実を神話化したものなのでしょう。

持統皇后は、天武天皇の死後、じぶんの腹をいためて生んだ草壁皇子に皇位を継がせようと思いました。それなのに、虚弱な皇子は即位のときをまたずに病死しました。皇后は悩みました。けれども皇子は、さいわいなことに七歳の幼児の軽《かる》皇子をもうけていましたので、皇后はこの孫にのぞみをかけて、軽皇子がおとなになるまでじぶんが天皇の位について、軽皇子のために天皇の位の地固めをしておこうと決心しました。やがて持統女帝は、軽皇子の成長をまちかねたように、十五歳で即位させました。これが文武天皇です。

アマテラスがオシホミミを飛ばして、孫のニニギを日本の王にするのは、持統女帝が草壁皇子を飛ばして、孫の文武天皇に皇位を与えた、という史実が投影したものに違いありません。そうでもなければ、アマテラスが、ことさら子をさしおいて、孫を地上にくださなければならぬ理由は、ほかに見いだせないからです。

アマテラスがニニギに贈った祝福は、持統女帝が若い文武天皇の前途をあやぶみながら、贈りたがっていたろうと思われる祝福の心情と、あまりにも酷似しすぎています。アマテラスの心情とは、実はことごとく持統女帝の心情であったのでした。アマテラスの宣言は、実はそのまま、持統女帝が軽皇子を天皇にして世に送りだすにあたっての、期待・保障・決意・祈りの心情をこめた、宮廷の内外への宣言なのでした。アマテラスの神勅が、「吾が子孫」の王権を主張しながら、その孫に王位を与える話とは、このようにして持統女帝の主張と環境以外のなにものでもないではありませんか。

男性神から女性神へ

ことにアマテラスは、かならずしも女性のカミにされなければならない理由は、もともとありはしませんでした。壬申の乱のときに、天武・持統両帝が北伊勢で祈った天照は、はげしい雷雨のカミで、むしろ男性的ですらあったのでした。その天照のカミが、持統女帝の時代になると、あきらかに女のカミになっていて、柿本人麻呂《かきのもとのひとまろ》は『万葉集』の中の歌で天照日女尊《あまてらすひるめのみこと》とよんでいます。

アマテラスが女性とみなされる下地は、南伊勢の信仰の中で日のカミをまつる女性を重視していたことにある事情は、いままでくりかえして述べてきましたけれども、それでもそれは日のカミを天皇家の始祖のカミとして固定するときに、どうしても女性神にしなければならないという、決定的な理由にはなりません。やはり、天皇家の始祖の太陽神としては、男性とみなしておくのが普遍的で、いかにも自然なのです。それなのに、あえてアマテラスを女と決めてしまったのは、アマテラスが持統女帝の治世に、持統女帝をモデルにしてつくられたからなのだ、と理解するとき、もっともすなおに納得できるのです。

寡婦のあせり

アマテラスがくだしたという天壌無窮の神勅にみられるような絶対的な王権は、天武・持統両帝が手を携えて完成し、持統女帝の治世にもっとも強力に固められたものなのです。ことに持統女帝は、天皇の権威の絶対性を、声を大にしてPRしなければならない立場の人でした。

アマテラスを至高・至徳のカミとみなし、そのアマテラスがそのまま天皇であるとする古代専制君主の神権説は、持統女帝の生みの子に対する切実な愛情に出発して急速にしあげられ確立された、とみなす観察は、はたして的をはずれているということができるでしょうか。

天武天皇の寡婦である持統女帝は、じぶんの腹をいためた子の草壁皇子のためには、罪もない腹ちがいの子の大津皇子を抹殺しても悔いないほどの、ひたむきな〝血の愛情〟を発揮しました。わが子の草壁皇子のからだが弱く、能力もほかの皇族男子に比べて劣ってみえ、その前途があやぶまれればあやぶまれるほど、女性本能の母性愛（および、おのが権力の保存への執着）は、強烈なものとなっていったのでしょう。吾が子や、吾が子の病死の後の、幼い吾が孫の前途をみまもる女ごころの切なさが、女帝の十一年間の政治ぶりにはひしひしと感じられます。王権を絶対的伝統的なもの、神権的なものに強化し確立しておきたい――じぶんの目の黒いうちに――、というねがいは燃えあがっていたのでしょう。

持統女帝の伊勢行幸

このようにして、持統女帝には夫を失った寡婦のひ弱さはみじんもなく、人もおどろく積極的政策を政治の上に実現してゆきました。権力の頂点にある女帝にとって、ひるむことは許されなかったからです。食うか食われるかの危険につねにさらされながら、女ひとりが生きぬくためには、がむしゃらな前進だけが残されていた道だったのでしょう。一生を権力の闘争にあけくれねばならなかった女帝のためいきは、人しれず洩らされていたではありましょうが、政治や処世の面で、おもてむきにはそのようなひ弱さはすこしもみせてはいませんでした。精一杯、気をはりつめた政治のしぶりでした。

彼女は、しきりに国見《くにみ》をしました。諸国を旅行して、人びとのこころを天皇にひきつけようと努力しました。持統天皇六年（六九二）の伊勢・志摩旅行も、そのような意味をもっていたと思われますが、中納言三輪朝臣高市麻呂《たけちまろ》は、天皇のこのような痛切なこころのあせりを察しなかったようです。彼は、持統女帝の伊勢旅行の時期が、民衆の農業のさわりになるような種まき・田植えどきにあたっていることを理由に、持統女帝に対して旅行を中止するよう諫言しています。王権神聖化の焦慮のとりことなっている女帝には、三輪の中納言のいさめなどは耳にはいりませんでした。ついにその年三月、伊勢・志摩への旅を決行しました。この伊勢の行幸をすすめたものは、宮廷に仕えていた猿女ら、伊勢出身の女性たちであったでしょう。

わたくしは、この旅のもつ意義を、天皇制の確立に焦慮する持統女帝の強烈な意志に発するものとみて、大きく評価せずにはおれないのです。なぜかといえば、女帝はこの旅によってアマテラスの誕生の下地をつくったからです。そしてまた、アマテラスの具現としての皇大神宮を、伊勢に設立する基盤をつくってきたからです。女帝は、この伊勢・志摩旅行によってアマテラスを自覚し、天皇の祖廟の、いわば整地作業をして戻った、といいきってもいいすぎではない、と思われるのです。

そのころ南大和のみやこでは、中央集権・律令政治の巨大なシンボルとしての飛鳥《あすか》の藤原京が槌音高く造営されていました。一方では、唐の制度をまねた律令体制を強行してゆく、外来の合理主義のはなやかな文化が開花していたのです。そのあでやかないろどりの陰に、他方では、原始信仰を集約したものとしての天皇神秘化・神権化のシンボルが着々として形成されていました。アマテラスの誕生と、伊勢神宮の設立という二つのシンボルとが――。

宮廷歌人・人麻呂

持統女帝の決意をうけて、専制王権をたたえ、天皇をカミそのものとまでみなして、王権神聖化のために尽力した人には、猿女・稗田阿礼らのほかに、宮廷歌人柿本人麻呂がいます。

彼は下級の役人にすぎなかったのですが、持統女帝に歌の才能を認められ、宮廷の御用歌人として、天皇に愛顧して用いられました。人麻呂は天皇の知遇に感激して、儀式的な天皇讃歌をたくさんつくりました。人麻呂は、そのような王権絶対化の政治的環境の中で、「天皇《おおきみ》は神にしませば」と持統女帝の神徳をたたえ、また持統女帝の孫の軽皇子（後の文武天皇）に随従しては、「やすみしし、吾大王《おおきみ》、高照らす、日の皇子《みこ》、神ながら、神さびせすと」と、天皇の地位の高大なことをうたいあげなければならなかったのでした。

人麻呂は持統女帝の亡くなった後は、地方官に転出させられて、晩年は石見国《いわみ》（島根県）ですごし、そこで没しました。つまり、持統女帝には人麻呂の天皇讃歌が必要だったので、彼女の宮廷では愛用されたのですが、持統女帝の死後は、人麻呂の詩才も宮廷には別に必要ではなかったのでしょう。おなじことは、神話創作者たる猿女らについてもいえることだったのでしょう。天壌無窮の神勅を、こころから必要とした持統女帝の亡くなった後には、彼女らは宮廷から人麻呂とおなじように去っていかねばならなかったのでしょう。

挽歌

持統女帝といえば、人口に膾炙《かいしゃ》している「春すぎて、夏きにけらし、白栲《しろたえ》の、衣ほすてふ、天《あま》のかぐ山」（『新古今集』）の歌によって、なんとなく心こまやかな、愛情ふかい女性と思われ、抒情的な美しいイメージをもって人びとのこころにあたたかく迎えられ、印象づけられています。

純粋にひとりの女としての女帝には、あるいはそのような懐しくやさしい性情がなかった、などとはいえないでしょう。しかし、政治のちまたの覇者である女帝の人間像は、とてもふつうの平凡な女ではありませんでした。いったん権力の座をかちとったひとりの女は、身を挺してその権力の座を守りぬかねばなりません。そこには、血で血を洗う権力悪の非情な姿がみられるのも、またやむをえないなりゆきであったのでしょう。

中国の制度や文物をとりいれるのに積極的であった持統女帝は、原始宗教を利用して王権を固めようとした一方では、おおいに大陸伝来の仏教を尊信していました。持統女帝が歴代の天皇の中で最初の火葬をうけた天皇であることは、彼女の本心が進歩的・開明的であったことをよく示しているように思われます。

火葬をうけた持統女帝の遺骨は、銀筥に入れられて、天武天皇の陵墓の石室《せきしつ》の中に安置されました。夫の天武天皇は、大理石の石室の中に布張りの木棺を置き、金銀珠玉をちりばめた枕をして永遠のねむりについていたのですが、妻の持統天皇はそのかたわらに、火葬された白骨となって銀筥におさめられて安置されたのでした。そこには、日本固有の信仰にもとづく葬法から、中国風の開明的な葬法へのきりかえがみられ、しかもそれがおなじ一つの墓穴の中にみられるところに、天武・持統両帝が歴史の上に果たした役割が象徴的に表現されているではありませんか。両帝は、原始的な固有信仰にもとづく天皇制をふまえて、その神権的な天皇制を強化しながら、しかも中国風の絶対的な古代専制王権にきりかえていった、その人たちなのでした。

皇后がほかの妃たちを排除して、夫である天皇とふたりだけの同穴のちぎりをむすぶという、このような夫妻の葬りかたは、天皇家の葬法にはいままで例のなかったことでした。したがって、そのような葬りかたには、天武天皇の権威を独占しようとする持統皇后（女帝）の面目が躍如としています。そこには、夫の偉業を継承した持統女帝が、「吾が子孫」のために権威の淵源を誇示しようとする、体あたり的な気魄による配慮が、ありありとくみとられるではありませんか。女帝は、死後のやすらぎの場所においてすら、わが身に発する血脈の保障のためのＰＲを忘れなかったのでした。それは、切ないまでにひたむきな、女ごころのなせるわざでした。

持統女帝が亡くなったのは、孫の文武天皇に皇位を譲ってから五年目の、大宝二年(七〇二)十二月でした。文武天皇が、ようやく二十歳になっていたときです。文武天皇も、父の草壁皇子に似て体は丈夫ではなかったようで、祖母の持統女帝の死後五年目には亡くなってしまいました。持統女帝が、あれほどまでに固執していた「吾が子孫」の血脈は、その後わずか四代をもって永遠に断絶してしまったのです。

皇統は、天智天皇の男系の孫(施基《しき》皇子の子、光仁天皇)にうけつがれてゆきました。そしてそのころは、もはやすでに藤原氏の勢力の台頭が著しく、早くも天皇の実権は昔日のかがやきを失っていたのです。

天武・持統両帝の陵《みささぎ》(墓のこと)の内部のつくりが、なぜくわしくわかっているのかといえば、それは実は、その陵が一度、発《あば》かれたことがあるためです。陵は、「言語に及び難い」といわれるほどにきらびやかな調度品をもって内部が飾られていましたが、嘉禎元年(一二三五)には盗賊が墓を破って侵入して財宝を奪い、そのとき持統女帝の骨壺である銀筥は、盗賊が持ち逃げして路傍に棄ててしまったということです(藤原定家『明月記』)。

乱世の風波のはげしさは、実に没後の陵墓にまでその徒浪《あだなみ》を及ぼしたのでした。ついでながら、壬申の乱に天武・持統両帝にたおされた大友皇子（弘文天皇）の陵墓についていえば、それは結局、どこにあるのかわからないのです。皇子は近江（滋賀県）の大津で、みずから首を縊って死にました。攻撃軍の将軍、大伴吹負《おおとものふけい》はその首を得て、天武・持統両帝のいる美濃（岐阜県）の不破《ふわ》の軍営に献じました。大友皇子の墓は、朝廷の正式の帳簿である『延喜式　諸陵式』にも記載されていません。つまり、正式に墓もつくられずに、所在不明のありさまなのです。

天地と共に長く

ついでながら述べておきますと、持統女帝がアマテラスの名のもとに発布した天壌無窮の神勅というものは、彼女によってはじめて示されたアイディアではなかったのです。実はそれよりさきに、父の天智天皇が、もうすでに発布しているアイディアなのでした。彼女はただ、父のアイディアをまねただけなのです。

学界の支持を広くうけている岩橋小弥太博士の研究（「天智天皇の定め給ひし常の典」）によりますと、天智天皇は、死のまぎわの病床に愛児の大友皇子と五人の重臣をよびよせ、仏像を前にして「天地と共に長く、日月と共に遠く改むまじき常《つね》の典《のり》」

を勅《みことのり》しているのです。それは、皇位継承について、直系相承《あいう》くべきことを述べた法令だったのです。天智天皇は、大友皇子の前途を危ぶんで、こういう処置をとって、じぶんの血脈の男系に皇位を永遠にうけつがせようとしたのでした。

天智天皇という人間天皇のみことのりは、壬申の乱という皇位簒奪《さんだつ》戦によって、たちまち実弟のために否定されました。持統天皇は、人間天皇としてではなく、じぶん自身を神格化した祖先神アマテラスの名において、おなじ趣旨のみことのりを神勅として発布したのですが、その結果は、おのれの血脈が断絶したために、やはり「天地と共に長」い実効を示しはしませんでした。

＊

最後に思いつきをひとつ付け加えておきましょう。ちょうどわが国で持統女帝のころ、中国では則天武后が唐帝国の帝位を奪って国号を周と称していました（六九〇～七〇五年）。彼女は六八九年、天地などの十九の文字を改造し（則天文字）、彼女の名「照」も、あらたに決めた則天文字の「曌《しょう》」に書き改めています。それは、日が天界にあって下界の空を照らすほどの、彼女自身の権勢を表わすところでした。

想像をたくましくするならば、この中国における希代の女傑の権勢ぶりが、当時の日本の女帝持統の権威をバックアップして、女神アマテラスの誕生に一臂《いっぴ》の力をかしているということができるかもしれません。なにしろ、当時の日本の宮廷では、もののの見かた感じかたは、中国の影響をとても敏感にうけていたのですから。

――アマテラスの誕生した六九〇年代は、日本でも中国でも、すべての面で女性が優位に立っていた時代だったのです。

解　説

青木周平

本書『アマテラスの誕生』にはじめて接したのは、今から三十年ほど前、私が國學院大學の学生だった頃だと思う。角川新書版（昭和三十七年二月刊）を手にとって、アマテラスが蛇であったとの記述が、妙に印象に残っている。その後、大学院時代にある書店で本書を見つけ、秀英出版（昭和四十六年十二月刊）のものを手に入れたが、今思うと、角川新書版はすでに入手しにくくなっていたのかもしれない。

書棚の片隅にあった本書が、俄然光を発しはじめたのは、教壇に立ってからである。アマテラス関係のまとまった入門書はそう多くはなく、演習では本書を取りあげ、そこから問題点をみつけるように指導した。アマテラスを卒業論文であつかう学生は、毎年一人は必ずいるので、そのような形での本書との付き合いは、もう二十年にもおよぶことになる。

此の度、本書を講談社学術文庫の一冊に入れたいとの相談を受けた時、しめた！と思った。秀英出版のものも含めて、現在では本書の入手は困難になっていたからである。

本書の著者、筑紫申真氏は、國學院大學で折口信夫氏に師事し、長く高校で教鞭をとられていた方である。本書の特徴は、その折口民俗学が歴史学とバランスよく手を結んだ点にある。その特徴を章を追いながら少しく解説してみたい。

第一章のアマテラス＝織姫説、及びアマテラスの神格三転説は、折口説を踏まえたものである。オオヒルメが日神をまつる后であることを基軸に、日神から大日孁貴へ、そしてアマテラスへの神格の変遷を説く。神格の三転説は、本書の核をなす考え方である。

第二章では、皇大神宮（内宮）の成立を、『続日本紀』文武天皇二年十二月二十九日の多気大神宮移遷記事にみる。多気大神宮とは今の滝原宮であり、そこから度会郡に遷したのを成立とみる本書の説は、岩波新日本古典文学大系『続日本紀　一』の補注や、倉塚曄子氏の『巫女の文化』（三二三頁）に引用されており、有力な一説となっている。

第三章は、イセの大神を日・風・雷の自然神とみ、その降臨の型を、賀茂社の御蔭祭と同じと推定する。この「天つカミ」のとらえ方は、第四章にも引き継がれ、プレ＝皇大神宮のあり方を、『日本書紀』神功皇后摂政前紀の「撞賢木厳之御魂天疎向津媛命」や、『皇太神宮儀式帳』の「大神之御蔭川神」の解釈から見定める。すなわち、天→鼓ケ岳→みあれ木→五十鈴川の流れの中で御生《みあ》れしたカミが、皇大神宮の前身の「天つカミ」だという。

第五章では、直木孝次郎氏の説を踏まえつつ、大化改新以前には祖先神アマテラスは天皇家にまつられた痕跡はないとし、二つの重要な指摘をする。一つは、壬申紀の「天照大神を望拝みたまふ」という記事を、アマテルオオカミ＝自然物の太陽を望拝したにすぎないと解釈し、アマテラスオオミカミが天皇家の祖先神としてつくりあげられたのは天武即位以後持統天皇の頃までとしたこと。二つは、敏達紀六年の日祀部設置の記事を重視し、朝廷の神事団が他田において天つカミ＝太陽神の〝みあれ〟をまつっていたものが他田坐天照御魂神社になり、アマテルミタマは自然現象としての日神そのものであると指摘したことである。特に後者は、松前健氏の『古代伝承と宮廷祭祀』に「それも考えられないことではない。」（三〇六頁）と評価されている。

第六章では、最初の斎王、大来皇女がなぜ南伊勢地方のイセの大神につかわされたのかを、南伊勢地方の日神を守護神とする度会氏の服属と関連づけて説く。摂津の海人に養育された天武天皇と伊勢の海人たちとの連帯意識を説くくだりは、直木孝次郎氏により「興味ある着眼」（『日本古代の氏族と天皇』二八二頁）と評価されている。

ただし、大来皇女を最初の斎王とみてよいかには問題もある。第八章において、大来皇女以前の五、六世紀の斎王たち（稚足姫皇女・荳角皇女・磐隈皇女・菟道皇女・酢香手皇女）が伊勢には来ていないことを『日本書紀』の記事の分析から証明しようとしているのは、著者の主張の裏付け作業である。伊勢に来ていないからイセの大神の斎王ではなく、大和で日祀《ひまつり》を行なっていた天皇家の巫女であるという主張は、『日本書紀』の記事の解釈にやや無理が感じられる。

ともかく著者は、大来皇女が斎王となった六七三年にアマテラスと皇大神宮の誕生の陣痛がはじまり、前述した文武天皇二年（六九八）十二月に出産したとみるのである。六八九年の草壁皇子挽歌においては、「天照らす、日女尊」とあるから、アマテラスの誕生の年次は、六八九年以後、六九八年までの十年ばかりのあいだにしぼりこまれている。

第七章は、皇大神宮の神体の移りかわりを、自然物・工作品・神殿の有無という、伊勢神宮の神社群の神体のあり方から跡付ける。民俗学でいう重出立証法だとするが、ややわかりにくい。プレ＝皇大神宮の段階では「八咫の鏡」は普通名詞にすぎなかったことを言うためには、証明が不十分である。証明に目くじらを立てるより、ユニークな指摘に目を移すと、アマテルを名にもつ神社（『延喜式』）の祭神が天火明命であることから、天火明命の神格の中からアマテラスオオミカミがひとりぬけだし、宮廷神として成長せしめられたという考え方はおもしろい。

以下の第九章から第十一章は、神話の各章段「天の岩戸」「天孫降臨」「ヤマトタケル」と伊勢とのかかわりを中心に論じる。天の岩戸神話は、宇治土公が毎年冬にやっていた太陽の復活祭として、神島に残る〈ゲーター祭〉に原像が求められている。宇治土公がもっていた太陽信仰が天皇家にもちこまれるというルートを設定し、天鈿女の踊りにみる賢木、鏡、玉も太陽信仰とのかかわりで意義付けられていく。

宇治土公―猿女君―アメノウズメ―稗田阿礼の流れで宮廷神話に位置づけられる、そのように伊勢の地方神話が高天原神話として宮廷神話化していく過程は、天孫降臨神話と表裏の関係にあるとみる。その端的な例が、アマテラスとサルタヒコを同一神とする見方にある。真冬にまつられる太陽霊＝アマテラスは、梅雨が降り田植えの行なわれる季節に、天から降りてきて田のカミとしてまつられる太陽霊＝サルタヒコになるという考え方がそれである。そのつなぎ役となるのが猿女君であり、天岩戸神話で太陽神アマテラスをまつったカミ妻としての猿女は、天孫降臨神話ではサルタヒコをまつることになっている。

そのサルタヒコは、田に天上から降臨し、〃みあれ〃する男ガミ（日子）であり、その田の守護霊をまつる祭りが皇大神宮の別宮、伊雑宮で行なわれる田植えまつりであるという。そのまつりで三丈ほどの太い青竹に付けられた翳《さしば》の絵（日・月、帆かけ舟）は、太陽船の信仰をあらわしており、一種の太陽霊降臨祭と重なるとみるのである。折口信夫氏に導かれた、民俗学的方法がよく生きている考え方でもある。

第十一章は、その民俗学的方法が、歴史学と融合した好例を示す。南伊勢の土豪、度会氏や宇治土公氏は、天語部や猿女を通して自己の神話や神事舞踏をささげ、高天原神話を形成する。また度会氏は、朝廷の遠征軍への参加――『豊受大神宮禰宜補任次第』にある越の国の征伐――を通して、草奈伎神社（外宮の摂社）の神体＝草薙剣の伝承を提出する。そのような伊勢の土豪たちの勢力――度会・宇治土公・荒木田の三氏――を抑圧し、海部の政治集団〃イセの大神〃のクニを解体に追い込んだのが、天武・持統天皇によってすすめられた律令政治であり、ヤマトタケルの嘆き「吾既に死ねと思ほし看すなり」は、そのような伊勢の土豪たちの嘆きでもあるという。

これは、上田正昭氏の『日本武尊』の説（一四一頁）に拠るものであり、猿女君の一族であった稗田阿礼によって『古事記』のヤマトタケルの嘆きの言葉として定着されたという。そして、その阿礼に代表される伊勢の海部やその女性たちが、持統女帝のためにアマテラスと皇大神宮を創出したとみるのである。有名な〈アマテラス＝持統女帝〉説であり、歴史学の反映説と民俗学的方法が、ここでみごとに結実することになる。

第十二章でくり広げられる、持統女帝がアマテラスのモデルであるという説は、著者の独創的な説というより、広く流布していた考え方である。しかし、天皇家の始祖の太陽神がなぜ女神アマテラスになったのかを、その形成過程をも含めて説いた論は、そう多くはない。折口民俗学と、直木孝次郎氏、上田正昭氏などの良質な歴史学との出会いがここにはあり、その意味で本書は、きわめて独創的であり、示唆的な一書ということができる。

＊

最後に、本書の研究史的位置を論じた、二人の研究者の発言を引用しておこう。

(1)戦後の本格的な伊勢神宮研究の出発点となった直木孝次郎氏の研究（「天照大神

と伊勢神宮の起源」『日本古代の氏族と天皇』所収）では、皇祖神としての天照大神の成立は非常に新しく考えているけれども、天皇家の守護霊としての〈日神〉崇拝の伝統の古さは認めている。しかし、その後の多くの研究では、天皇家と太陽信仰の結合さえも、非常に新しい時期におこうとするものが多い。たとえば、泉谷康夫「記紀神話形成の一考察」（『日本書紀研究』第一冊）、阿蘇瑞枝「宮廷讃歌の系譜」（五味智英先生還暦記念『上代文学論叢』）、本位田菊士「記紀神話の形成と大化前代の祭祀制」（『歴史学研究』三四九号）、筑紫申真『アマテラスの誕生』など。

(2)また筑紫申真氏は、折口博士の民俗学と直木氏らの反映法の影響の下に、前記『アマテラスの誕生』のほか、『日本の神話』（昭和三十九年）を著わし、伊勢神宮の起源とその信仰と宮廷との交渉、及びその日本神話形成への関与を論じた。伊勢の祭儀などからその大神の神格を推論するあたり、独創性には富むが、帰納的な実証性は、やや乏しい面がある。

(1)は岡田精司氏の「古代王権と太陽神—天照大神の成立—」（『古代王権の祭祀と神話』昭和四十五年四月刊）の註に引用された、研究史のまとめの部分である。岡田氏自身は、伊勢神宮の起源については雄略朝を重視する立場をとり、反映説もとらない。著者とは立場が違うことになるが、そこで引用されている諸論文は、現在でも重要な論ばかりであり、客観的評価を裏付ける。

(2)は、松前健氏の「日本神話研究の動向」(『日本神話の形成』昭和四十五年五月刊)の中の一文であり、的確な評価であろう。「前記」とあるのは、「史学的研究方法」の「反映法」の中で本書にふれているからであり、そこでは持統女帝のアマテラス反映説をとりあげている。

(1)の岡田氏は歴史学、(2)の松前氏は神話学をそれぞれ代表する研究者といってもよく、すでに本書の評価は定まっていたとも思われる。それにもかかわらず、以後あまり引用されないのは、松前氏のいう「帰納的な実証性」に欠けるがゆえであろうか。

しかし、研究史をたどれば、アマテラスの研究は冒頭にも記したように、スサノオやオオクニヌシに比較すると決して多いとは言えない。神格も含めて、まだまだ論じ残されたところが多い神である。本書は、アマテラスへの導きの書であるとともに、多くの説が生まれる可能性を秘めた、研究者にとっても魅力的な一書であることは間違いない。良書は、いつまでもわれわれに、尽きない思考の泉を与えつづけてくれる。

(國學院大學教授)

本書の原本は、一九六二年二月、角川書店より刊行されました。

筑紫申真（つくし　のぶざね）
1920年生まれ。國學院大學文学部卒業。高校教諭を務めるかたわら，独自に神話・民俗学を研究する。著書に『日本の神話』『神々のふるさと』など。1973年没。

講談社学術文庫

定価はカバーに表示してあります。

アマテラスの誕生《たんじょう》

筑紫《つくし》申真《のぶざね》

2002年 5 月10日　第 1 刷発行
2022年 9 月 2 日　第19刷発行

発行者　鈴木章一
発行所　株式会社講談社
　　　　東京都文京区音羽 2-12-21 〒112-8001
　　　　電話　編集（03）5395-3512
　　　　　　　販売（03）5395-4415
　　　　　　　業務（03）5395-3615
装　幀　蟹江征治
印　刷　株式会社広済堂ネクスト
製　本　株式会社国宝社

ISBN4-06-159545-8

「講談社学術文庫」の刊行に当たって

これは、学術をポケットに入れることをモットーとして生まれた文庫である。学術は少年の心を養い、成年の心を満たす。その学術がポケットにはいる形で、万人のものになることは、生涯教育をうたう現代の理想である。

こうした考え方は、学術を巨大な城のように見る世間の常識に反するかもしれない。また、一部の人たちからは、学術の権威をおとすものと非難されるかもしれない。しかし、それはいずれも学術の新しい在り方を解しないものといわざるをえない。

学術は、まず魔術への挑戦から始まった。やがて、いわゆる常識をつぎつぎに改めていった。学術の権威は、幾百年、幾千年にわたる、苦しい戦いの成果である。こうしてきずきあげられた城が、一見して近づきがたいものにうつるのは、そのためである。しかし、学術の権威を、その形の上だけで判断してはならない。その生成のあとをかえりみれば、その根は常に人々の生活の中にあった。学術が大きな力たりうるのはそのためであって、生活をはなれた学術は、どこにもない。

開かれた社会といわれる現代にとって、これはまったく自明である。生活と学術との間に、もし距離があるとすれば、何をおいてもこれを埋めねばならない。もしこの距離が形の上の迷信からきているとすれば、その迷信をうち破らねばならぬ。

学術文庫は、内外の迷信を打破し、学術のために新しい天地をひらく意図をもって生まれた。文庫という小さい形と、学術という壮大な城とが、完全に両立するためには、なおいくらかの時を必要とするであろう。しかし、学術をポケットにした社会が、人間の生活にとってより豊かな社会であることは、たしかである。そうした社会の実現のために、文庫の世界に新しいジャンルを加えることができれば幸いである。

一九七六年六月　　野間省一